まちごとチャイナ
広東省014

深圳市街
城市の「奇蹟と軌跡」
［モノクロノートブック版］

JN118535

1978年まで、農村が広がるばかりの広東省深圳に対して、深圳河（ボーダー）の対岸には世界的に豊かな都市、香港の姿があった。こうしたなか実権をにぎった鄧小平（1904〜97年）の指導のもと、香港に隣接する深圳に経済特区がおかれ、資本主義の要素をとり入れる改革開放が進められた。そして、ほとんど何もなかったこの地で、世界史上、類のない速度で発展する都市、深圳の歩みがはじまった。

　その原動力となったのが、隣接する香港の企業や人材、世界各地の華僑、また中国全土から機会を求めて集まった中国人の労働力で、三天一層楼（3日で1階分をつくる）と言われた高層ビルの「国貿大厦」、華僑の投資を呼び込んだ「華僑城」、急騰する地価の王さまにたとえられた高さ383.95mの「地王大厦」などが、1980〜90年代に深圳に現れた。そし

て、それらには「深港之窓(深圳と香港を結ぶ窓)」「世界之窓(深圳と世界を結ぶ窓)」といった名称がつけられていた。

やがて当初の深圳の中心であった羅湖(区)が手ぜまになったため、2000年代から西に隣接する福田(区)に開発の焦点は遷された。鳳凰が羽ばたくような屋根をもつ「市民中心」をはじめとする文化中心、博物館、図書館などの大型公共施設、「深圳証券交易所」「平安国際金融中心」といったビジネス拠点の集まった福田は、現在、深圳の中央商務区(CBD)として機能している。深圳福田、香港西九龍、広州南駅をわずかの時間で結ぶ広深港高速鉄路、珠江デルタの一体感もあって、深圳は開発からわずか数十年で、北京、上海に続く都市という地位にいたった。

Asia City Guide Production
Guangdong 014

Shenzhenchengshi

深圳城市／shēn zhèn chéng shì／シェンチェンチャアンシイ
深圳城市／sam¹ jan² sing⁴ si,／サアムザァンセエンシイ

| まちごとチャイナ │ 広東省 014 │

深圳市街

城市の「奇蹟と軌跡」

『アジア城市（まち）案内』制作委員会
まちごとパブリッシング

Contents

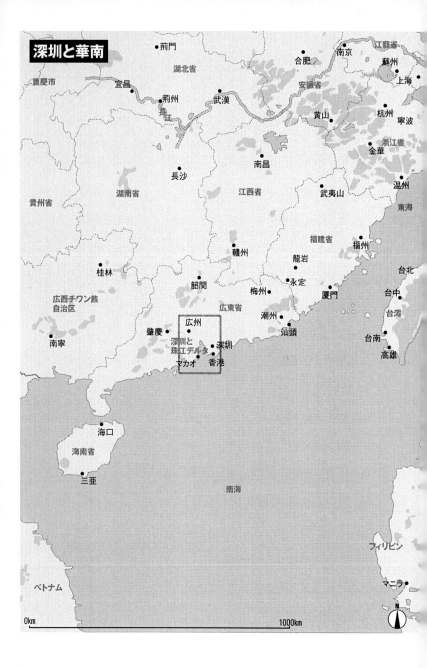

深圳と華南

荊門
湖北省
重慶市
宜昌
荊州
武漢
合肥
南京
江蘇省
蘇州
上海
安徽省
黄山
杭州
寧波
浙江省
金華
長沙
南昌
湖南省
江西省
南昌
貴州省
温州
東海
武夷山
福建省
福州
贛州
龍岩
台北
桂林
韶関
梅州
永定
台中
台湾
広西チワン族
自治区
広東省
厦門
台南
肇慶
広州
潮州
高雄
深圳と
珠江デルタ
深圳
汕頭
南寧
マカオ
香港
海口
海南省
三亜
南海
ベトナム
フィリピン
マニラ

0km
1000km
N

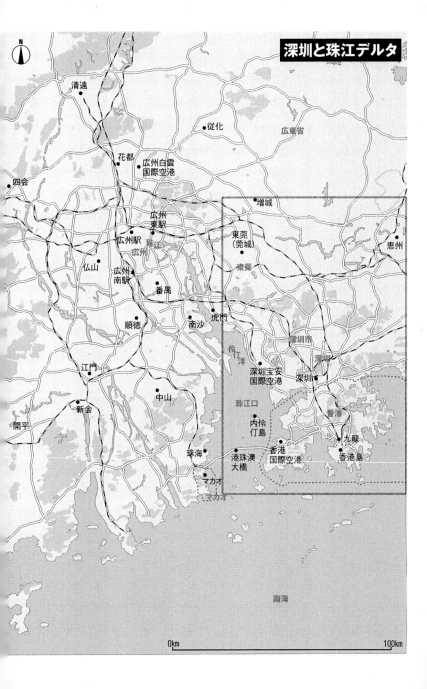

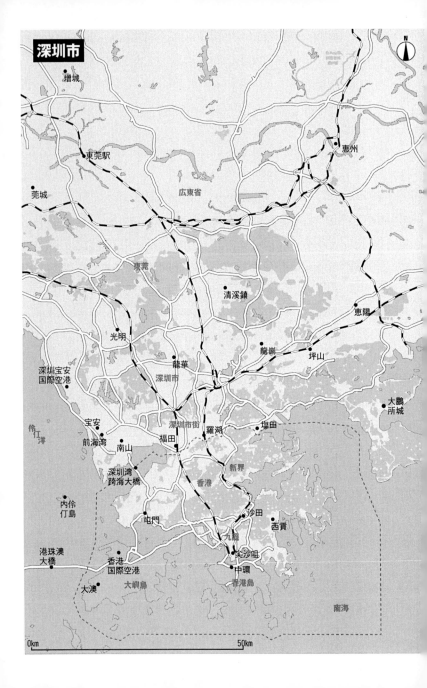

★★★
羅湖／罗湖 ルゥオフウ／ロォウゥ
福田／福田 フウティエン／フッティン

超速で中華第3の都市へ

**紅いシリコンバレーや中華イノベーション
といった言葉で語られてきた深圳
すべては香港への憧れと模倣からはじまった**

驚異の進化を見せた街

　「あちら(香港)は繁栄しているのに、こちら(深圳)は荒れ果てている」。アヘン戦争(1840〜42年)以降、イギリスの植民都市となった香港では、英語と広東語が話され、資本主義経済のもと、「100万ドルの夜景」と呼ばれる繁栄と自由を謳歌していた。一方、中国では1949年より計画経済、共産主義体制がとられ、深圳にはのどかな農村地帯が広がるばかりだった。「国境をとり払い、人びとの往来が進めば、資金が流入し、深圳は豊かになる」。こうして鄧小平による改革開放の大号令とともに、1979年から深圳の開発がはじまり、全国各地から機会と仕事を求めて人が集まった。道路が敷かれ、高層ビルが建てられ、地下鉄が整備され、またたくまに新興都市深圳がつくられていった。当初、人民服姿だった中国人も、「西洋の服を着ていようとも、立場は変わらない」という1983年の胡耀邦による深圳視察をきっかけに西装に変わった。「学習香港、追赶香港(香港から学び、香港に追いつけ)」「時間就是金銭、効率就是生命(時は金なり、効率こそ命なり)」「空談誤国、実干興邦(口を動かすな、身体を動かしてこそ国が興こる)」といった言葉は、深圳という街の性格をよく表している。1979年に31万人だった深圳の人口は、40年後の2019年には1343万人にまで増えていて、そのあいだGDPは1万倍の伸びを示し

た。「蛮荒之地（荒れた文化のない地）」につくられた「一夜城（一夜のようなスピードで建設された都市）」。たった30年、40年といった速度で世界的な大都市が現れたことは世界を見てもなかったことで、深圳の成長は「世界史上の奇蹟」とされている。

すべてでイチバンを目指す

1979年に経済特区がおかれたとき、深圳には人材、技術、ノウハウがなく、香港やマカオ、東南アジアの華僑、西側諸国の資本から学び、模倣することで街の発展ははじまった（それらは「山寨＝ニセモノ」と呼ばれ、深圳は山寨製造の一大拠点と見られていた）。当初、深圳は、安い賃金で働く出稼ぎ労働者を中心とした第2次産業（製造業）の工場が集積していたが、技術やノウハウが蓄積されると、第2次産業から金融、サービス産業といった第3次産業へと重心が遷り、かつて「文化砂漠」と呼ばれた深圳から革新的なサービスや創造性の高い文化が生まれていった。20世紀末から21世紀初頭のインターネットの広がりもあいまって、華為（ファーウェイ）や騰訊（テンセント）といった深圳に拠点をおく企業の躍動はその象徴であると言える。こうした企業や人材の活躍は、かつてのイメージをくつがえし、深圳は「紅いシリコンバレー」「設計之都」「知識城市」といった名称で呼ばれている（そのほか「図書館之城」「ピアノの都市」といった名前もある）。そしてイノベーションやクリエイティブの意味をもつ「創新」という言葉で語られ、世界的な企業が深圳に進出し、投資を集めている。こうした深圳成功の要因には、隣接する地に世界的な都市香港という手本があったこと、香港の2倍の土地や水資源があったこと、成功を渇望する人材が集まったことなどがあげられる。

深圳という名称

かつては深圳住民の7割が客家系の人たちであり、客家の

鵬の羽ばたきがイメージされた深圳市民中心

深圳の礎を築いた鄧小平

1979年以前には伝統的な暮らしぶりがあった

福田CBDにそびえる高さ592.5mの平安国際金融中心

言葉で田んぼのそばを流れる溝(水路)のことを「圳」と呼び、深圳とは「深い圳(溝)」を意味する。明清時代、この地方の集落の中心にあった市場(深圳墟)のすぐそばを、深い水路が流れていたことに由来する。その溝は雨が降れば、溺れ死ぬ者がいるほど深かったといい、それは香港との境界を流れる深圳河のことだとされる。深圳という名称は、明の永楽帝時代の1410年にはじめて記録されていて、深圳羅湖一帯に羅湖村、湖貝村、向西村などの集落が発生し、各村の住人たちが集まる市場を深圳墟といって、それは現在の東門老街あたりにあった(広東語では市場を「墟市」「墟、虚」といい、集落群の中心に深圳墟があった)。清朝の第4代康熙帝の時代(1661~1722年)、この深い溝(深圳)に石橋をかけ、「恵民橋」と名づけられたという。羅湖村、湖貝村、向西村といった明清時代以来の集落は、現在、城中村となっていて、美食街などのかたちで残っている。深圳は普通話では「シェンチェン shēn zhèn」、広東語では「サアムザァン sam¹ jan²」、客家語では「チムチュン chim zhun」と呼び、日本語では本来の読みかたでは「シンシン」だが、慣用的に圳のつくりの「川」の音から「シンセン」と読む。

深圳の構成

深圳市は大鵬(伝説上の鳥)が羽ばたくように、ちょうど南側の香港を包みこむように、東西に長く展開する。1979年、このうち香港に隣接する羅湖、福田、南山、塩田の「関内」に経済特区がおかれ、その外側(郊外)の宝安、龍華、龍崗、大鵬半島は「関外」という位置づけだった。経済特区のうち、最初(1980年代)に発展がはじまったのは九広鉄路で香港と結ばれている「羅湖」と、深圳湾をはさんで香港新界と対峙する「蛇口(南山)」だった。2000年代に入ると、開発速度に対して土地が不足し、羅湖郊外だった「福田」に中央商務区がおかれ、現在、こちらが深圳の政治、経済、金融の中心地となっている(また深圳の開発はさらに西の南山、前湾というように進んでいった)。

これらは深圳各所にある商圏にも表れていて、羅湖にある深圳はじまりの地「東門商圏（旧深圳墟）」、香港との口岸に近い「国貿商圏」、当初の金融センターであった「蔡屋圍商圏」、電気街から発展した「華強北商圏」、現在の深圳の中心である福田の「中心区商圏」、深圳黎明期から観光地として開発された「華僑城商圏」が東西の帯状に広がっている。深圳の開発は、空いている土地を大波が飲み込んでいくように進み、現在はその西の「南山商業文化中心区商圏」、深圳湾跨海大橋で香港新界と結ばれた「蛇口商圏」、珠江口に接する前海湾の「前海商圏」や「宝安中心区商圏」、内陸部の「龍崗中心区商圏」というように深圳市各地でめざましい発展が続いている。深圳では、東郊外に中国有数のコンテナ処理能力をもつ塩田港を抱え、西郊外にはこの街と中国全土、世界を結ぶ深圳宝安国際空港が位置し、深圳市街と郊外は縦横に走る地下鉄で結ばれている。

Luo Hu
羅湖城市案内

香港九龍と広東省広州を結ぶ九広鉄路
その途上に位置した国境の街だった羅湖
深圳の発展はここ羅湖からはじまった

羅湖／罗湖★★★
㊗ luó hú ㊛ lo⁴ wu⁴
らこ／ルゥオフウ／ロォウゥ

　羅湖は福田、南山とともに深圳の市街地を構成し、改革開放にあわせてもっとも早くから開発が進んだ「現代深圳発祥の地」であると言える。明代より羅湖一帯には、赤勘村(蔡屋圍)、羅湖村(羅湖駅)などの集落が点在し、住民は「深圳墟(市場、現在の東門老街)」に集まって売買をしていた。明代(1602年)に地王大厦あたりにあった月崗屯墟、清代(1688年)に深圳墟の記録があり、これら深圳の集落、香港をふくむ広大な地域を宝安県(南山の南頭古城)が管轄していた。こうしたなか1913年に香港九龍と広東省広州を結ぶ九広鉄路の羅湖駅が建設されると、宝安県の中心は南頭古城から羅湖に遷された。こうして深圳河のほとり、香港と中国広東省の口岸(国境)に位置する羅湖という街の性格ができあがった。1979年、深圳の開発がはじまると、香港との人やものの往来がたやすい羅湖がその中心となり、「羅湖口岸」に羅湖駅や国貿大厦、「蔡屋圍」に金融センターや博物館などの文化センター、かつての「深圳墟」の位置に繁華街の東門老街が築かれていった。香港側にも羅湖駅があり、香港側で地下鉄を降りて歩いてボーダー (橋)を渡り、深圳側の羅湖駅で新たに地下鉄に乗るという光景も見られる。こうして羅湖からはじまった

深圳の開発速度はいちじるしく速く、すぐに手ぜまになり、西に隣接する福田に新市街がつくられることになった。羅湖区全体を見れば、東部に深圳最高峰である標高943mの梧桐山がそびえていて、北部が高く、南が低い地形となっている。梧桐山の西側にはこの山の水を集めた深圳水庫が広がり、深圳だけでなく、羅湖を越えて香港にも水(淡水)が運ばれている。

深圳河／深圳河 ★☆☆

⑪ shēn zhèn hé ⑫ sam¹ jan² ho⁴
しんせんがわ／シェンチェンハァ／サアムザァンホォ

深圳河は、梧桐山(深圳最高峰)の牛尾嶺から深圳湾、伶仃洋に向かって北東から南西に流れ、広東省深圳と香港新界を

★★★

羅湖／罗湖 ルゥオフウ／ロォウゥ

東門老街／东门老街 ドンメンラァオジィエ／ドォンムゥンロォウガアイ

鄧小平画像広場／邓小平画像广场 ダァンシァオピンフゥアシィアングゥアンチャアン／ダァンシゥウペェンワアッジョオングゥオンチャアン

福田／福田 フウティエン／フッティン

深圳市民中心／深圳市民中心 シェンチェンシイミィンチョオンシン／サアムザァンシイマンジョオンサアム

★★☆

蔡屋囲／蔡屋围 ツァイウウウェイ／チョイオッワァイ

地王大厦(信興広場)／地王大厦(信兴广场) ディイワンダアシャア(シンシィングゥアンチャアン)／デェイウォンダアイハァ(ソォンヒイングゥオンチャアン)

京基100／京基100 ジンジィヤァオリンリン／ギィンゲエイヤッリィンリィン

華強北商業区(華強北路)／华强北商业区 フゥアチィアンベェイシャンイィエチュウ／ワアカアンバアアッサァンイッコオイ

華僑城／华侨城 ファチャオチァン／ワアキィウセェン

錦繍中華／锦绣中华 ジンシゥチョンファ／ガアムサァウジョオンワァ

★☆☆

深圳河／深圳河 シェンチェンハァ／サアムザァンホォ

羅湖駅(深圳駅)／罗湖站 ルゥオフウチャン／ロォウゥジャアム

羅湖口岸／罗湖口岸 ルゥオフウコウアン／ロォウゥハアウンゴォン

文錦渡／文锦渡 ウェンジィンドゥ／マァンガアムドォウ

湖貝村／湖贝村 フウベエイツゥン／ウゥブゥイチュウン

茘枝公園／荔枝公园 リイチイゴォンユゥエン／ライジイグォンユゥン

元勲旧址／元勋旧址 ユゥエンシゥンジゥウチイ／ユゥンフアンガアオジイ

深圳市人民公園／深圳市人民公园 シェンチェンシイレェンミィンゴォンユゥエン／サアムザァンシイヤンマングゥオンユゥン

深圳体育場／深圳体育场 シェンチェンティイユゥチャン／サアムザァンタアイヨォッチャアン

深南大道／深南大道 シェンナァンダアダァオ／サアムナアムダアイドォウ

福田口岸／福田口岸 フウティエンコウアン／フッティンハアウンゴォン

世界之窓／世界之窗 シィジエチィチゥアン／サァイガアイジイチゥウン

わける境界となっている。深圳という地名は、客家語で村のそばの「深い水路(圳)」を意味し、それはこの深圳河のことをさした。全長37kmで、幅50m、水深5mほどの深圳河はかつてたびたび氾濫し、この地に暮らす人たちの生命や財産を脅かしたという。アヘン戦争(1840～42年)以後、宝安県(深圳)のうち香港島がイギリスに割譲され、1898年には香港新界がイギリスに99年間租借されたことで、深圳河が中国広東省とイギリス領香港の国境となっていた。1997年に香港がイギリスから中国に返還される以前まで、この河をはさんで中国人民解放軍とイギリス兵が向かいあうという光景が見られた。深圳羅湖と香港羅湖のあいだを流れる深圳河には羅湖橋がかかり、改革開放以前は往来の制限されていた羅湖口岸も、現在は多くの人が行き交っている。

Luo Hu Kou An
羅湖口岸城市案内

1997年以前、中国とイギリスの国境の街だった羅湖
現在も羅湖口岸をはさんで広東省深圳と香港にわかれ
深圳側に羅湖駅があり、香港側にも羅湖駅がある

羅湖駅(深圳駅)／罗湖站★☆☆
Ⓟ luó hú zhàn Ⓖ lo⁴ wu⁴ jaam³
らこえき(しんせんえき)／ルゥオフウチャン／ロォウゥジァム

　香港から見て、深圳の入口であり、中国本土から見れば香港への玄関口である羅湖駅(深圳駅)。九広鉄路の深圳駅、地下鉄の羅湖駅などが集まる交通の要衝で、香港側にもMTR東鉄線の羅湖駅がある。1911年に当時のイギリス領香港九龍と、広東省の省都広州を結ぶ九広鉄路が開通し、両者の国境上に位置する羅湖駅は1913年に完成した。20世紀の東西冷戦時代、西側諸国(資本主義陣営)の人間にとって、この羅湖駅が東側諸国の中国(共産主義陣営)への玄関口となっていた(中国が外貨を稼ぐために開いた広州交易会に出向く西側諸国の人間が、羅湖駅から中国へ入った)。深圳の商業中心地である羅湖の南端に位置し、羅湖駅(深圳駅)すぐ近くに香港へ続く羅湖口岸があり、多くの人々が行き交うほか、商業施設もならぶ。

羅湖口岸／罗湖口岸★☆☆
Ⓟ luó hú kǒu àn Ⓖ lo⁴ wu⁴ háu ngon³
らここうがん／ルゥオフウコォウアン／ロォウゥハアウンゴォン

　羅湖口岸の「口岸」とは中国語で「港」を意味し、税関のおかれた国境や境界線にある検問所のことをさす。羅湖口岸はアヘン戦争(1840～42年)後の1887年に創建された九龍海

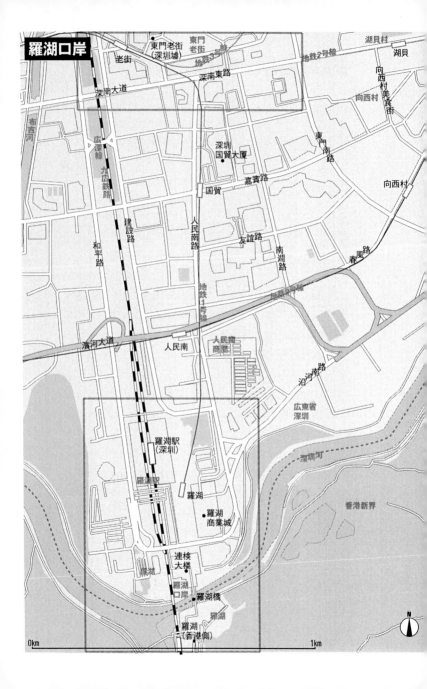

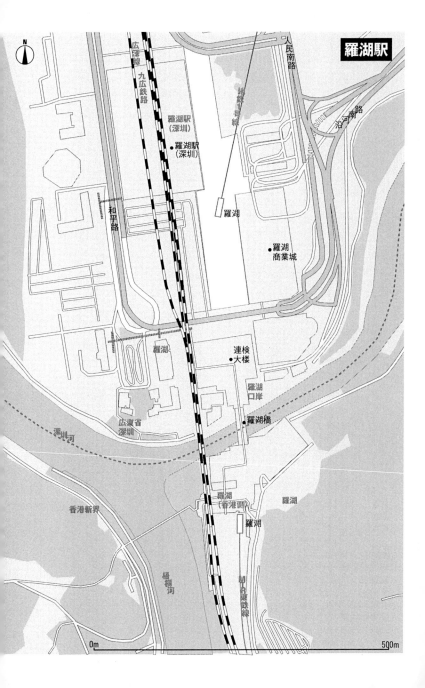

羅湖駅

N

人民南路

広深線
九広鉄路

羅湖駅
(深圳)
羅湖駅
(深圳)

深河南路

和平路

羅湖

羅湖
商業城

羅湖

連検
大楼

羅湖
口岸

広東省
深圳

羅湖橋

深圳河

香港新界

羅湖
(香港側)

羅湖

羅湖

梧桐河

九広鉄路線

0m
500m

関を前身とし、イギリス領香港(九龍半島)と中国のあいだの税務や検問を行なった。1911年、両者を結ぶ大動脈の九広鉄路が開通すると線路が深圳羅湖を通ったことから、この地に口岸がおかれ、当時は深圳河に橋がかかるだけの簡素なものだった。そして、1949年の新中国設立以後、羅湖口岸は西側(資本主義陣営)のイギリス領香港から、東側(共産主義陣営)の中国に入る象徴的な場所であった。当時、人民解放軍が監視し、豊かな香港へ密入国を試みる中国人の姿もあったが、改革開放の流れを受けて1979年に深圳の開発がはじまると、羅湖口岸の性格は大きく変わった。両者のあいだの往来は自由になり、羅湖口岸は中国でも最大規模の人が往来する口岸となった。香港側にも羅湖駅があり、香港側の地下鉄羅湖駅を降りて歩いて国境(橋)を渡り、深圳側の羅湖駅で新たに地下鉄に乗るという光景も見られる。

連検大楼／联检大楼★☆☆

⑬ liàn jiǎn dà lóu ⑭ lyun⁴ gím daai³ lau⁴
れんけんだいろう／リィアンジィエンダアロォウ／リュンギイムダアイロォウ

羅湖口岸(かつての国境)に立つ堂々とした連検大楼(联检大楼)。深圳と香港との出入境事務を行なうこの検問所の建築は、1984〜86年に建てられ、2002年に大規模改修された。中国有数の交通量にこたえられるよう、12階建ての主楼、3

★★★
羅湖／罗湖 ルゥオフウ／ロォウ
東門老街／东门老街 ドンメェンラァオジィエ／ドンムゥンロォウガアイ

★☆☆
深圳河／深圳河 シェンチェンハァ／サアムザァンホォ
羅湖駅(深圳駅)／罗湖站 ルゥオフウチャン／ロォウゥジャアム
羅湖口岸／罗湖口岸 ルゥオフウコォウアン／ロォウゥハアウンゴォン
連検大楼／联检大楼 ィアンジィエンダアロォウ／リュンギイムダアイロォウ
人民南商圏／人民南商圏 レェンミィンナァンシャアンチィエン／ヤァンマンナアムソォンフゥン
深圳国貿大厦／深圳国贸大厦 シェンチェングゥオマァオダアシャア／サアムザァングゥオッマァウダアイハァ
向西村美食街／向西村美食街 シィアンシイチュンメイシイジィエ／ハァンサアイチュンメイシッガアイ
湖貝村／湖贝村 フゥベエイツゥン／ウゥブゥイチュン
深南大道／深南大道 シェンナァンダアダァオ／サアムナアムダアイドォウ

堂々とした連検大楼、この建物の先は香港新界

羅湖口岸の深圳駅、ここから現代深圳ははじまった

簡体字で書かれた看板、香港側の繁体字とは異なる

階建ての南楼、北楼をあわせ、検査レーンの数もふくめて大規模なものとなっている。歩道橋と鉄道橋(2階建て)で、深圳と香港は結ばれていて、深圳側では簡体字の表記、香港側では繁体字の表記が見られる。

人民南商圏／人民南商圈 ★☆☆

㊗ rén mín nán shāng quān　㊢ yan⁴ man⁴ naam⁴ seung¹ hyun¹

じんみんみなみしょうけん／レェンミィンナァンシャンチィェン／ヤァンマンナアムソォンフュン

羅湖口岸に接し、南北に伸びる軸線の人民南路を中心に広がる人民南商圏。人民南路に並行して、春風路から巨大な商業店舗、高層ビル、ホテルが縦につらなっていき、それは東門老街(人民北路)まで続く。この地は香港新界に接する地点であったことから香港のものやノウハウを吸収する役割を果たし、人民南路の両脇には1979年にはじまった黎明期(1980年代)の深圳開発の足跡が残っている。中国で最初の免税店だった友誼商場、3日で1階分をつくるというスピードで建てられた国貿大厦などがその代表格で、1990年代初期には一定の開発がされ、開発は蔡屋圍へ遷った。現在ではその立地から人民南商圏を拠点に香港へ向かう人、香港から戻ってくる人の姿がある。

深圳国貿大厦／深圳国貿大廈 ★☆☆

㊗ shēn zhèn guó mào dà shà　㊢ sam¹ jan² gwok⁸ mau³ daai³ ha³

しんせんこくぼうたいか／シェンチェングゥオマァオダアシャア／サアムザァングゥオッマァウダアイハァ

深圳の開発がはじまってすぐの1985年に建てられ、改革開放初期の象徴でもあった深圳国貿大厦(China World Trade Center)。53階建て、高さ160mの高層建築は、当時の中国でもっとも高い建築であり、3日で1階というペースで最上階まで上昇させる手法は「深圳速度(三天一層楼)」として語られた。上層階から香港を見渡すことができ、それは深圳国貿大厦が「深圳経済特区の窓」であることを意味した。鄧小平をはじめとする共産党幹部がたびたび訪れて、改革開放の進

捗状況を確認し、1992年1月20日の朝、鄧小平は深圳国貿大厦を訪れ、「外資を呼び込み、改革開放を加速するよう」に呼びかけ（南巡講話）、中国の経済発展が一気に進むことになった。銀行、オフィス、ショッピングモール、レストラン、展示場をそなえ、屋上には直径26mのヘリポートが位置する。かつて「中華第一高楼」と呼ばれた深圳国貿大厦も、周囲により高いビルが林立するようになり、それがこの街の発展の様子を示している。

深圳河、左が香港で右が深圳

Hu Bei
湖貝城市案内

東門老街のそばには城中村という
明清時代以来の集落を前身とする街が点在する
かつて人びとは東門老街（深圳墟）に出かけていた

向西村美食街／向西村美食街★☆☆
⑪ xiàng xī cūn méi shí jiē　⑰ heung² sai¹ chyun¹ mei, sik³ gaai¹
こうせいむらびしょくがい／シィアンシイチュンメエイシイジィエ／ハァンサアイチュンメイシッガアイ

　深圳羅湖に林立する高層ビル群の足もとに位置する向
西村美食街（向西村西区歩行街）。東門老街にも近いここ向西村
は、明清時代より続く集落「城中村」のひとつで、北は深南
東路、南は春風路、西は東門南路、東は南極路の領域にあた
る。向西村の人たちは、かつてすぐ西の深圳墟（東門老街）の市
場に出かけてものを売買し、またすぐ南には改革開放以前
から人や物資の往来する文錦渡口岸があった。羅湖の中心
部に位置する立地、明清時代以来の集落という点から、現在
は美食街となっていて、昔からこの地方で食べられてきた
猪骨煲、鶏煲などの鍋料理を出す店はじめ、小吃店、火鍋店、
ファーストフード店までがならぶ。

文錦渡／文錦渡★☆☆
⑪ wén jǐn dù　⑰ man⁴ gám dou³
ぶんきんと／ウェンジィンドゥ／マァンガアムドォウ

　羅湖口岸とならぶ広東省深圳と香港新界を結ぶ重要な交
通路（口岸）がおかれた文錦渡。文錦渡口岸は1979年の改革開
放以前から開かれていて、九広鉄路の走る3km西の羅湖口岸
に対して、文錦渡口岸は生鮮食品を香港に輸出するという

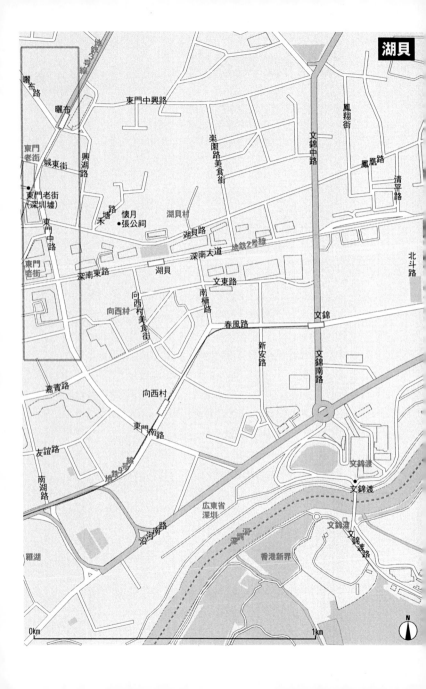

湖貝

曬布路
曬布
東門中興路
鳳翔街
文錦中路
鳳凰路
清平路
東門老街
城東街
興湖路
樂園路美食街
東門老街
(深圳墟)
東門中路
末塘路
懷月
張公祠
湖貝村
湖貝路
北斗路
地鉄2号線
深南大道
東門老街
深南東路
湖貝
文東路
向西村
向西村美食街
南極路
春風路
文錦
新安路
文錦南路
嘉賓路
向西村
東門南路
友誼路
地鉄9号線
文錦渡
文錦渡
南湖路
沿河南路
文錦渡
広東省深圳
文錦渡路
深圳河
羅湖
香港新界
0km
1km
N

性格をもっていた(当時、羅湖、文錦渡、文錦渡から東に12km離れた沙頭角が、香港と深圳の窓口だった)。1976年、文錦渡の深圳河上に車の往来できる道路橋がかけられ、それは1978年に一般に開放された。この橋は深圳河の治水工事のためにとり壊され、2005年に新たな橋がかけられ、その後、口岸の建物も再建された。香港がイギリスから返還された1997年の7月1日未明、中国の人民解放軍は、この文錦渡口岸と皇崗口岸、沙頭角口岸から香港へ軍を進めたという経緯もある。

湖貝村／湖贝村★☆☆
⑭ hú bèi cūn ⑮ wu⁴ bui² chyun¹
こがいむら／フウベエイツゥン／ウゥブウイチュウン

　東門老街(かつての深圳墟)の東側に隣接する湖貝村は、明代より続くいわゆる城中村で、街の姿が変貌するなか、昔ながらの古い街並みも残っている。湖貝村は明の成化年間(1465～87年)に広東海岸部より移住してきた張懐月とその弟の張念月によって開かれた(東門老街に立つ思月書院の張氏には、思月、愛月、懐月、念月といった4人兄弟がいて、彼らはそれぞれ向西、湖貝、水貝、田貝といった村を築いた)。それは周囲に壁をめぐらせる圍という集落で、「三縦八横」と呼ばれる街区を形成し、そのプランが開いた貝に似ていることから湖貝と名づけられた。そして、近くの羅湖村や向西村の住人とともに深圳墟(市場)で農産品や手工芸品の売買を行なって暮らしていた。羅湖中心に近いため、湖貝村も1990年代に再開発が進み、7～8階建

★★★
羅湖／罗湖 ルゥオフウ／ロォウゥ
東門老街／东门老街 ドォンメンラァオジィエ／ドォンムゥンロォウガァイ
★☆☆
深圳河／深圳河 シェンチェンハァ／サアムザァンホォ
向西村美食街／向西村美食街 シィアンシイチュンメエイシイジィエ／ハァンサアイチュウンメエイシッガアイ
文錦渡／文锦渡 ウェンジィンドゥ／マァンガアムドゥウ
湖貝村／湖贝村 フウブウイツゥン／ウゥブウイチュウン
懐月張公祠／怀月张公祠 フゥアイユゥチャアンゴォンツウ／ワアイユゥジャアングゥンチィ
深南大道／深南大道 シェンナァンダアダァオ／サアムナアムダアイドォウ

ての建物が現れた。こうしたなかでも、湖貝村の張氏祖先を
まつる懐月張公祠はじめ、財神、関公、観音、土地神など明清
時代以来の信仰の足跡を伝える廟が残っている。これらは
明代、張氏が深圳に移住してくる以前の潮州、汕頭地方のも
のと関係があるという。

懐月張公祠／怀月张公祠★☆☆
㉜ huái yuè zhāng gōng cí ㉐ waai⁴ yut³ jeung¹ gung¹ chi⁴
かいげつちょうこうし／フゥアイユゥエチャンゴォンツウ／ワアイユッジャアンゴォンチィ

　　現在は周囲に高層ビルが立っているが、長らく湖貝村の
中心として信仰を受けてきた懐月張公祠。明の成化年間
(1465〜87年)に湖貝村を開いた張懐月をまつる古い祠廟で、
張懐月と弟の張念月が開村して以後、その子孫たちの信仰
対象となってきた。南向き三間二進の建築で、現在のものは
清代の1804年に創建され、幅11.7m、奥行26.8mの規模、門に
は石彫の装飾が見える(門の上方には「懐月張公祠」の扁額がかかり、
門の両脇には対聯が見える)。かつての圍の中心建築であり、この
地に暮らす張氏は、ここ懐月張公祠に集まって祖先の祭り
を行なう。

楽園路美食街／乐园路美食街★☆☆
㉜ lè yuán lù měi shí jiē ㉐ lok³ yun⁴ lou³ mei, sik³ gaai¹
らくえんろびしょくがい／ラアユゥエンルウメイシイジィエ／ロッユゥンロウメイシッガアイ

　　東門老街(深圳墟)から東に湖貝路が伸び、それと湖貝村で
直角に交わる楽園路美食街。シーフードを出す海鮮料理店
が数十軒続く海鮮一条街として知られ、夜になると道端に
テーブルと椅子をならべて食事をする人の姿が見られる。
通りの両脇には水の入った水槽やバケツとともに、さまざ
まな種類の魚、海鮮がおかれている。ちょうど古い湖貝村
と、湖貝新村のあいだを走る。

Dong Men Lao Jie
東門老街城市案内

嶺南では村の市場を墟と呼んだ
明清時代から続く深圳墟のあった場所は
東門老街（東門歩行街）として整備された

東門老街／东门老街★★★
北 dōng mén lǎo jiê 広 dung¹ mun⁴ lou, gaai¹
とうもんろうがい／ドォンメェンラァオジィエ／ドォンムゥンロゥガアイ

　羅湖村や蔡屋圍、湖貝村、向西村など、明代よりこの地に
あった集落の住人が集まった市場「深圳墟」を前身とする東
門老街。清の1688年（康熙年間）にこの深圳墟の記載が見られ、
宝安県（深圳）のなかでも有数の市場として知られていた。深
圳という地名もこの東門老街の古名である深圳墟に由来す
る。深圳墟（東門老街）の現在につながる発展は、1911年に香
港九龍と広東省広州を結ぶ九広鉄路の線路が走り、1913年、
ここに羅湖火車駅がつくられたことにはじまる。深圳墟（東
門老街）はにぎわいを見せるようになり、農業品は今の解放
路（谷行街）、小吃や雑貨品は今の人民北路（維新路）に集まって
いた。唐代以来、宝安県政府（～1978年）は南頭古城（西の南山区）
にあったが、香港へ通じる鉄道の利便性とそれによる発展
で、1953年に深圳鎮蔡屋圍に遷ってきた。当時の東門老街
（深圳鎮、深圳墟）は、東西を走る解放路（谷行街）と南北を走る人
民北路（維新路）が十字に交わり、東西南北に門が配置された
伝統的な中国の街だった。そのたたずまいが広東省の仏山
に似ていたため、「小仏山」と呼ばれていたという。1979年
に深圳に経済特区がおかれると、香港と鉄道で結ばれたこ
の場所が開発の中心となり、経済特区の名前も「深圳」と名

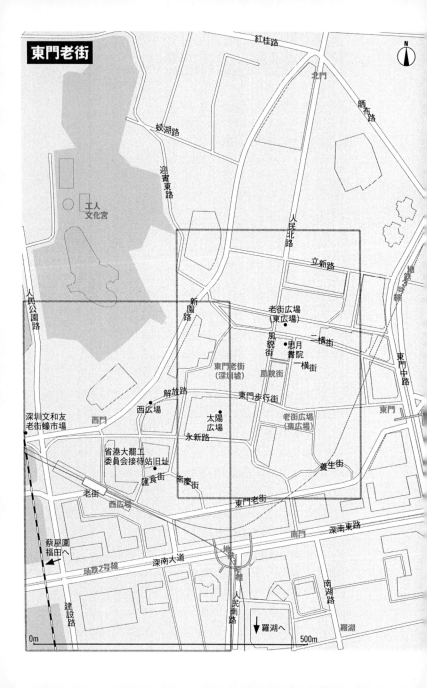

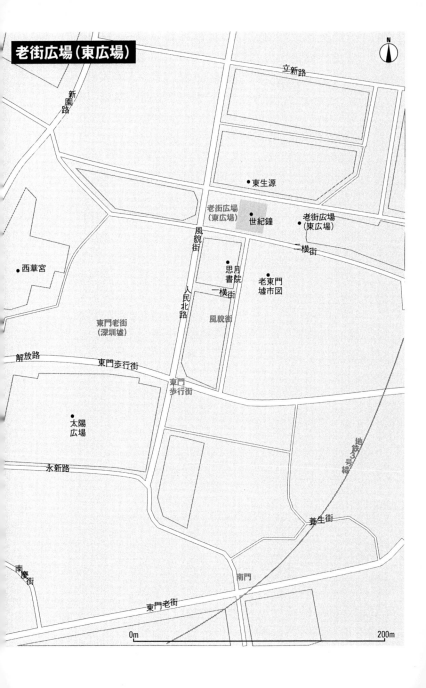

づけられた。周囲の羅湖や蔡屋圍が発展するなか、1980年代初頭から「かつての深圳墟の場所に、中国の伝統的な街(老城区)を再建しよう」という構想が出ていた。そして、深圳建設から10周年にあたる1989年に東門老街の建設「羅湖古鎮計画」が決まり、それから10年が過ぎた深圳20周年の1999年10月1日にあわせて、東門老街(東門歩行街)が完成した。東門老街という名称は、かつての深圳墟の東西南北の城門のうち、九広鉄路の線路のちょうど反対側、向西村、湖貝村により近い東門あたりが一番にぎわっていたことによる。東門老街は深圳でもっとも早く形成された繁華街であり、当初は、小さな屋台や行商人が中心となって、あつかう商品も安価で質の低いものが多かったが、いくどかの段階をへて、現在の姿へと成長した。老舗店舗が出店するほか、中国各地から集まった移民都市の性格を示すように、広東料理、四川料理、上海料理など、各地の料理を出す店が見られる。広東省と福建省特有のアーケード「騎楼」を往来する人の姿は、昼夜絶えることがない。

★★★
東門老街／东门老街 ドンメェンラァオジィエ／ドンムゥンロウガアイ
東門歩行街(解放路)／东门步行街 ドンメンブウシンジィエ／ドンムゥンボウハァンガアイ
羅湖／罗湖 ルゥオフウ／ロォウゥ

★★☆
西広場／西广场 シイグゥアンチャアン／サアイグゥオンチャン
老街広場(東広場)／老街广场(东广场)　ラァオジィエグゥアンチャアン(ドングゥアンチャアン)／ロォウガアイグゥオンチャン(ドォングゥオンチャン)

★☆☆
老街蠔市場(深圳文和友)／老街蚝市场(深圳文和友) ラァオジィエハァオシイチャアン(シェンチェンウェンハアヨウ)／ロォウガアイホォウシチャン(サアムザァンマァンウォヤァウ)
風貌街／风貌街 フェンマァオジィエ／フォンマァウガアイ
世紀鐘／世纪钟 シイジイチョオン／サァイゲエイジョオン
東生源／东生源 ドォンシェンユゥエン／ドォンサアンユゥン
思月書院／思月书院 スウユゥエシュウユゥエン／シイユッシュウユゥン
省港大罷工委員会接待站旧址／省港大罢工委员会接待站旧址 シェングァンダアバアゴォンウェイユゥエンフゥイジィダアイチャアンジゥウチイ／サアアンゴオンダアバアゴォンワァイユゥンウゥイジッドォイジャアムガアオジィ
深南大道／深南大道 シェンナァンダアダアオ／サアムナアムダアイドォウ

東門老街の構成

　東西を走る「解放路(東門歩行街)」と、南北を走る「人民北路」の交差する十字形街区を中心に構成される東門老街。改革開放がはじまる以前の東門老街(深圳墟)にはこのふたつの通りの先の東西南北に城門が配置されていた。そして、東門老街という名称が示すように、解放路(東門歩行街)と東門中路の交わる東門に、谷行街、上大街、東新街といった繁華街が集まり、多くの人が東門近くで買いものをしていた。一方、東門老街(深圳墟)の西門は、解放路と九広鉄路線路の交差点の100m東にあり、店は少なかったという。また南門は現在の深南大道に面していて、北門(深圳中学と財経学校の位置)は沼沢地に近い荒れ地だった。1999年に開業した東門老街は、西側の地下鉄駅に隣接する「西広場」と中央の「老街広場(東広場)」というふたつの核があり、この両広場を結ぶように東西の「東門歩行街(解放路)」、南北の「風貌街(人民北路)」が続いている。それは十字形の街区をもっていた深圳墟が、20世紀末、東門老街として生まれ変わったことを意味している。

西広場／西广场 ★★☆
🀄 xī guǎng chǎng 🈶 sai¹ gwóng cheung⁴
にしひろば／シイグゥアンチャアン／サアイグゥオンチャン

　地下鉄老街駅に近く、東門老街の主要な入口にあたる西広場。1999年の東門老街(東門歩行街)の開設にあたって、中国古代宮殿様式を模した建築がここ西広場で再現された。文山楼、西華宮、光華楼、月明楼、文華楼といった建築群がそれで、隅のそりかえった黒の屋根瓦、赤の柱などの堂々としたたたずまいを見せる。ここ西広場から東に向かって東門歩行街(解放路)が伸びていき、老街広場(東広場)にいたる。西広場が20世紀末以降の深圳(現代文化)を象徴し、老街広場(東広場)が清代以前の深圳墟(歴史文化)を象徴する。この東西の広場を、東門歩行街が結ぶ構造となっている。

東門歩行街(解放路)／东门步行街★★★

🀄 dōng mén bù xíng jiē 🀄 dung⁴ mun⁴ bou³ hang⁴ gaai¹
とうもんほこうがい(かいほうろ)／ドォンメンブウシンジエ／ドォンムゥンボォウハァンガアイ

東門老街の目抜き通りで、この老城区を東西に走る東門歩行街(解放路)。深圳墟(東門老街)に関しては、清朝康熙帝時代の1688年の記録があり、東門歩行街は市場のなかでもっとも広かったという谷行街を前身とする。そこでは各種雑貨、衣料品、文房四宝をあつかう店がならび、馬車の走る姿も見られたという。谷行街に並行するように、南側に上大街(現在の太陽広場の位置)が走り、このあたりが深圳最大の繁華街だった。谷行街は1949年の新中国以後、解放路と命名され、1999年10月1日、深圳20周年にあわせて東門老街が完成すると、東門歩行街という名前がつけられた。ここ東門歩行街に、中国で最初のマクドナルドができ、当時は香港ドルと人民元の両方で会計が行なわれたという。

風貌街／风貌街★☆☆

🀄 fēng mào jiē 🀄 fung¹ maau³ gaai¹
ふうぼうがい／フェンマァオジィエ／フォンマアゥガアイ

人民北路と解放路の交わる十字街を形成していた深圳墟(東門老街)。その中心で、もっとも人の集まる南北の人民北路、東西の一横街、二横街、解放路あたりが風貌街として整備されている。嶺南建築がならび赤のランタンがつらなる、「辺陲小鎮(辺境の街)」深圳の縮図とも言え、あたりには思月書院、世紀鐘、浮彫の東門墟市図、銅製彫刻などが位置する。

老街広場(東広場)／老街广场 (东广场) ★★☆

🀄 lǎo jiē guǎng chǎng (dōng guǎng chǎng) 🀄 lou, gaai¹ gwóng cheung⁴ (dung¹ gwóng cheung⁴)
ろうがいひろば(ひがしひろば)／ラァオジィエグゥアンチャアン(ドォングゥアンチャアン)／ロォウガアイグゥオンチャン(ドォングゥオンチャン)

ちょうど東門老街の中心にあたる老街広場は東広場ともいい、清代以来の深圳墟(東門老街)の伝統を今に受け継ぐ。清朝康熙帝時代の1688年に深圳墟の記載があり、2日、5日、8

新疆ウイグルの料理店が街角にあった

清代の深圳墟が再開発された東門老街

人が絶えることのない東門歩行街（解放路）

香港九龍の旧九広鉄路鐘楼、ここから列車は発車した

日のつく日に市が立った。そして、ここから周囲数十里が
この市場の交易圏であったという。東門老街(深圳墟)の中心
に風貌街が整備され、その北側に位置する老街広場では、深
圳の歴史文化と現代文化の交わりを示す「世紀鐘」、老城歴
史博物館にあたる「思月書院」、深圳墟の様子を表現した青
銅製浮彫の「老東門墟市図」、彫刻のモニュメント、花壇や噴
水、彫刻などが見られる。

世紀鐘／世纪钟 ★☆☆
北 shì jì zhōng　広 sai² géi jung¹
せいきしょう／シイジイチョオン／サァイゲエイジョオン

　東門老街の中心、老街広場(東広場)に立つ大きな鐘の世紀
鐘。この世紀鐘は大銅鐘ともいい、直径1.7m、長さ2.5m、重さ
4.5トンで、花崗岩製の鐘柱は高さ7.5mになる。世紀鐘とい
う名称は千年に一度のミレニアム(二千年、世紀)を意味し、東
門老街が整備された翌年の2000年に設置された。鐘本体に
は「壬申」の文言が見え、それは東門老街が1992年(壬申の年)
に計画されたことを意味し、鐘本体下部に刻まれた「春夏秋
冬」は季節のめぐる1年を意味する。この鐘は、朝と夕方に1
回ずつ鳴らされ、「時間就是金銭、効率就是生命(時は金なり、効
率こそ命なり)」という深圳を象徴する言葉を、広場の中心から
伝えている。

東生源／东生源 ★☆☆
北 dōng shēng yuán　広 dung¹ saang¹ yun⁴
とうしょうげん／ドォンシェンユウエン／ドォンサアンユウン

　シルクやコットン、糸、刺繍などの織物から、婚礼衣装、中
国服、生活雑貨まで幅広くあつかう東生源。老街広場に面し
て立ち、深圳を代表する老舗の老字号(百年老店)として知ら
れてきた。東生源は清代、広東省新会で開業し、アヘン戦争
後の1849年に深圳墟に遷ってきて、5代目の梁柏合のとき
に事業を拡大した。谷行街と上大街に大きな店舗をもち、大

埔、元朗などの香港新界まで、販路を広げていた。東生源には布を染める作業場があり、毎日、東生源の店員たちは染めて濡れた布を抱えて、近くの広場にもっていって乾かしたため、東門老街(深圳墟)には晒布路という地名が残っている。当時の東生源の店舗には前門、後門、外門、内門、趟門という五重の門があり、軍隊や窃盗団も寄せつけなかったという。

思月書院／思月书院★☆☆

(北) sī yuè shū yuàn (広) si¹ yut³ syu¹ yún
しげつしょいん／スウユゥエシュウユゥエン／シイユッシュウユゥン

　老街広場(東広場)の一角に残り、老街歴史博物館の名でも知られる思月書院。東門老街(深圳墟)の歴史と密接に関わる張氏の祖先をまつる祠堂であり、また書院(私塾)でもあった。明の成化年間(1465～87年)に深圳に南遷してきた張氏には、思月、愛月、懐月、念月という4人の兄弟がいて、彼らはそれぞれ向西、湖貝、水貝、田貝といった集落を東門老街近くに築いた。この思月書院は清の康熙年間(1661～1722年)に水貝村の張氏が、祖先の張思月を思慕して築いたもので、今より少し南の深圳墟南慶街22号にあった。思月書院はこの街に暮らす人たちが読み書きを憶え、社会の状況を知るための学校の役割を果たしていた。東門老街の整備にあわせて1998年に現在の場所で再建され、幅13.6m、奥行16.2m、三間二進のこの地方の伝統的な建築のたたずまいを見せる。なかには模型の展示などで、深圳の歩みが紹介されている。

省港大罷工委員会接待站旧址／省港大罢工委员会接待站旧址★☆☆

(北) shěng gǎng dà bà gōng wěi yuán huì jiē dài zhàn jiù zhǐ (広) sáang góng daai³ ba³ gung¹ wái yun⁴ wui³ jip² doi³ jaam³ gau³ jí
しょうこうだいひこういいんかいせったいたんきゅうし／シェングァンダアバアゴオンウェイユウエンフゥイジエダァイチャアンジゥチイ／サアアンゴオンダアイバァゴオンワァイユゥンウゥイジッドォイジアムガアオジイ

　1925年に香港と広州で勃発した、反イギリスの大規模ストライキとボイコット運動の舞台となった省港大罷工委員会接待站旧址。6月19日、横暴な植民地支配に対する、省港

東門老街中心部の風貌街

東江遊撃隊指揮部旧址紀念館のある南慶街

次々と新しいものが生まれる、深圳文和友・老街蠔市場

西広場には伝統的な中華宮殿様式の建築が集まる

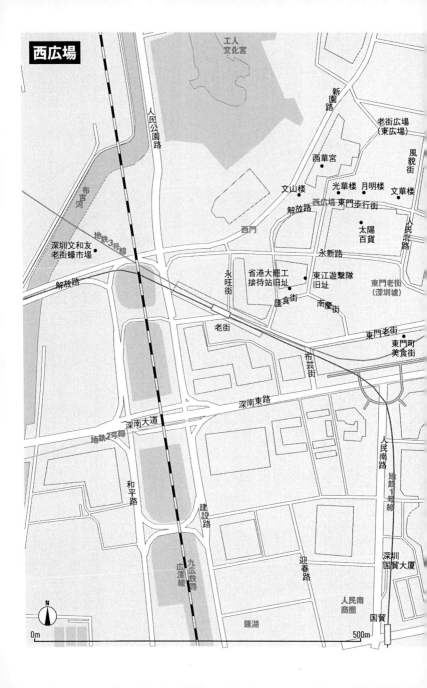

西広場

工人
文化宮

新園路

老街広場
(東広場)

風貌街

西華宮

文山楼　　　光華楼　月明楼　文華楼

人民公園路

布吉河

解放路　西広場　東門歩行街

深圳文和友
老街蠔市場

解放路

地鉄3号線

西門

太陽
百貨

人民北路

永新路

永旺街

省港大龍工
接待站旧址

東江遊撃隊
旧址

東門老街
(深圳墟)

糧食街

南慶街

老街

東門老街

布芸街

東門町
美食街

深南東路

深南大道

地鉄2号線

和平路

建設路

九広鉄路
広深線

人民南路

地鉄1号線

迎春路

深圳
国貿大厦

人民南
商圏

国貿

躍湖

N

0m　　　　　　　　　　　　　　　　　　　　　　　　　500m

大罷工が起こると、25万人という香港の広東人労働者がイギリスへの抗議のために広東にひきあげてきた。深圳では南慶街22号にあった張氏の思月書院(清朝康熙年間創建)がストライキをする労働者たちの拠点となっていた。東門老街の整備とともに思月書院は老街広場へ遷されたため、現在、省港大罷工委員会接待站旧址は残っていない。

東江遊撃隊指揮部旧址紀念館／东江游击队指挥部旧址纪念馆★☆☆

🔘 dōng jiāng yóu jí duì zhǐ huī bù jiù zhǐ jì niàn guǎn 🔘 dung³ gong¹ yau⁴ gik¹ deui³ jí fai¹ bou³ gau³ jí géi nim³ gún

とうこうゆうげきたいしきぶきゅうしきねんかん／ドンジィアンヨウジイドゥイチイフウイブウジィウチイジイニィエングゥアン／ドォンゴォンヤァオギィドォイジイファイボオガァオジイゲエイニィムグゥン

日中戦争(1937〜45年)時に日本に対する中国共産党が主導した抗日ゲリラ軍の東江縦隊の拠点がおかれていた東江遊撃指揮部旧址紀念館。東江縦隊(東江遊撃隊)は広東省を流れる東江一帯を活動拠点とし、深圳にはこの東江縦隊の遺構がいくつも残っている。南慶街13号に立つ3階建てのこの建築は、民国時代の鴻興酒家を前身とし、1949年以後、郵電

工会として使われていた。1999年の東門老街の整備にあわせて再建され、2017年に一般開放された。「(東江遊撃隊をひきいた)葉挺将軍と深圳」の展示が見られる。

東門町美食街／东门町美食街★☆☆

(北) dōng mén tīng měi shí jiē (広) dung¹ mun⁴ ting, mei, sik³ gaai¹
とうもんちょうびしょくがい／ドンメンティンメイシイジィエ／ドンムンティンメイシッガアイ

　広東料理、上海料理、四川料理、北京料理など中国各地の料理が食べられる東門町美食街。東門老街の南部、地下鉄駅に続く屋内のフードストリートで、深圳名物の窯鶏(丸焼きチキン)はじめ、広州腸粉、長沙臭豆腐、重慶酸辣粉、上海生煎包、新疆羊肉串といった小吃を出す店がならぶ。

老街蠔市場(深圳文和友)／老街蚝市场(深圳文和友)★☆☆

(北) lǎo jiē háo shi chǎng (shēn zhèn wén hé yǒu) (広) lou, gaai¹ hou⁴ si, cheung⁴ (sam¹ jan² man⁴ wo⁴ yau)
ろうがいかきいちば／ラァオジィエハァオシイチャアン(シェンチェンウェンハアヨウ)／ロォウガアイホォウシイチャン(サアムザァンマァンウォヤァウ)

　深圳東門老街の西側入口付近にそびえる4階建ての飲食を中心とする複合施設の老街蠔市場(深圳文和友)。2021年、湖南省長沙から深圳へと進出して開業し、雑居ビルの内部は1990年代の老街の様子や雰囲気を再現する空間で注目を集めた。当初、深圳文和友という名称だったが、やがて古くからこの地方で食べてこられた「蠔(牡蠣、カキ)」をテーマとする老街蠔市場へと名前を変えた。このオールド・ストリードフード・マーケットでは深圳名物の「蠔(牡蠣、カキ)」が山積みにされ、深圳での年間消費量の多い「小龍蝦(ザリガニ)」、冬に食べられる「蛙(カエル)」の料理、また臭豆腐などの小吃も食べることができる。

Cai Wu Wei
蔡屋圍城市案内

鄧小平画像広場や地王大厦
20世紀末の深圳を象徴する街が羅湖蔡屋圍
都市のインフレーションはここからはじまった

深南大道／深南大道★☆☆
🇨🇳 shēn nán dà dào 🇭🇰 sam¹ naam⁴ daai³ dou³
しんなんだいどう／シェンナァンダアダァオ／サアムナアムダアイドゥ

深南大道は羅湖、福田、南山と深圳市街を東西につらぬく全長25.6kmのこの街の大動脈。深南とは「深圳（羅湖）」と「南頭（古い時代に行政府のおかれた）」を結ぶ通りを意味し、北京の長安街ともくらべられる。1980年、深圳の開発にあわせて羅湖蔡屋圍から上歩のあいだで整備された長さ2.1km、幅7mの通りをはじまりとし、以後、1994年までに東から西に向かって伸びていった（羅湖の深南東路、華強北の深南中路、そして南山の深南大道へと続く）。深南大道の両側には摩天楼を描く高層ビルが立ち、福田の市民中心、南山の華僑城などの位置する深圳を象徴する通りであることから、「深圳第一路」とも呼ばれる。

蔡屋圍／蔡屋圍★★☆
🇨🇳 cài wū wéi 🇭🇰 choi² uk¹ wai⁴
さいおくい／ツァイウウウェイ／チョイオッワァイ

蔡屋圍は20世紀末の深圳の金融センターで、明清時代より蔡氏の暮らした赤勘村蔡屋圍がここにあった。蔡氏は福建汀州を出自とし、元代に新安県赤勘に南遷してきた。そしてその後裔が赤勘村にふたつの圍（周囲を壁におおわれた集合

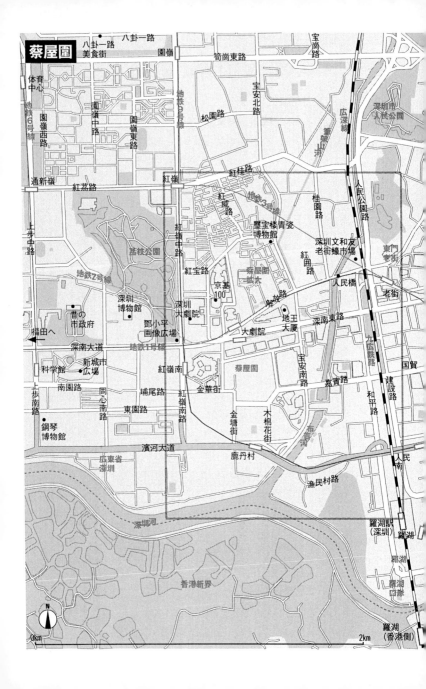

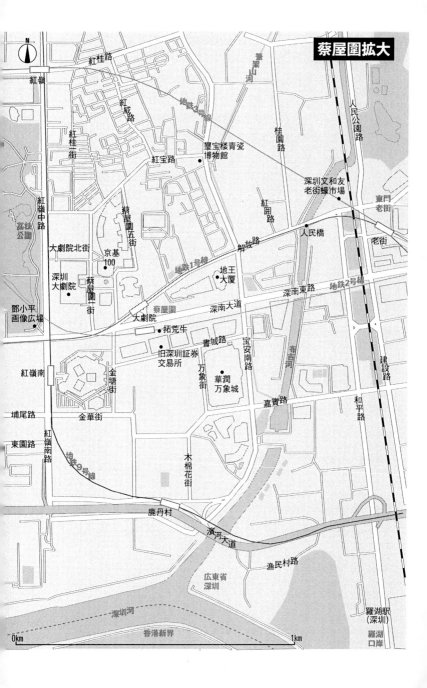

蔡屋圍拡大

N

紅桂路
筆架山河
地鉄4号線
紅嶺
紅崗路
桂園路
紅桂街
紅宝路
璽宝楼青瓷博物館
深圳文和友老街蝦市場
東門老街
紅嶺中路
紅圍路
蔡屋圍五街
解放路
人民橋
老街
荔枝公園
大劇院北街
京基100
地鉄1号線
地王大厦
深南東路
地鉄2号線
深圳大劇院
蔡屋圍十街
深南大道
人民公園路
鄧小平画像広場
蔡屋圍大劇院
拓荒牛
書城路
宝安南路
笋崗河
紅嶺南
旧深圳証券交易所
万象街
華潤万象城
建設路
金塘街
嘉賓路
和平路
埔尾路
金華街
東園路
紅嶺南路
地鉄9号線
木棉花街
鹿丹村
濱河大道
漁民村路
広東省深圳
羅湖駅(深圳)
深圳河
羅湖口岸
香港新界

0km   1km

住宅)をつくった。その後、深圳の開発(1980年代)は香港に接した羅湖からはじまり、国貿大厦などが建てられたが、やがて手ぜまになり、1990年代の開発は羅湖西側の蔡屋圍へと遷った。1990年、中国ではじめて、上海と深圳に証券取引所が開設され、深圳証券取引所はここ蔡屋圍におかれた。そして、銀行、保険会社、証券会社などが集まる蔡屋圍は「深圳のウォール・ストリート」「龍盤虎踞の地(龍がとぐろを巻き、虎が居座る地)」と言われ、1996年に完成した地王大厦はその象徴と見られていた。この蔡屋圍の開発と発展は、1992年の鄧小平による南巡講話、深圳が加速度的に発展した時期と重なり、京基100、鄧小平画像広場、深圳大劇院、深圳博物館などが残っている(1997年の香港返還を目前に、深圳河対岸の香港に学び、

★★★
鄧小平画像広場／邓小平画像广场 ダンシァオピンフゥアシィアングゥアンチァン／ダァンシィウペェンワアッジョオングゥオンチァアン

羅湖／罗湖 ルゥオフウ／ロォウゥ

東門老街／东门老街 ドンメンラァオジィエ／ドォンムゥンロォウガアイ

★★☆
蔡屋圍／蔡屋圍 ツァイウウウェイ／チョイオッファイ

地王大厦(信興広場)／地王大厦(信兴广场) ディィワンダアシャァ(シンシィングゥアンチァアン)／デェイウォンダアイハァ(ソォンヒィングゥオンチャアン)

京基100／京基100 ジンジイヤァオリンリン／ギィンゲイエイヤッリィンリィン

★☆☆
深南大道／深南大道 シェンナァンダアダオ／サアムナアムダアイドォウ

拓荒牛／拓荒牛 タアフゥアンニィウ／トォッフォンンガアオ

深圳大劇院／深圳大劇院 シェンチェンダアジュウユエン／サアムジャアダアイケッユン

深圳博物館(古代芸術館)／深圳博物館(古代艺术館) シェンチェンボオウウグゥアン(グゥダアイイイシュウグゥアン)／サアムザァンボッマッグゥン(グゥドォイワンセッグゥン)

荔枝公園／荔枝公园 リイチイゴォンユウエン／ラァイジイゴォンユウン

璽宝楼青瓷博物館／玺宝楼青瓷博物馆 シイパァオロォウチィンツウボオウウグゥアン／サアイボォウラァウチインチィボッマッグゥン

深圳市人民公園／深圳市人民公园 シェンチェンシイレェンミィンゴォンユウエン／サアムザァンシイヤンマングゥオンユウン

八卦一路美食街／八卦一路美食街 バアグゥアイイルウウメイシイジィエ／バアグゥアヤッロォウメイシィガアイ

老街蚝市場(深圳文和友)／老街蚝市场(深圳文和友) ラァオジィエハァオシイチャン(シェンチェンウェンハアヨォウ)／ロォウガアイハオウシイチャン(サアムザァンマァンウォヤァウ)

深圳河／深圳河 シェンチェンハア／サアムザァンホォ

羅湖駅(深圳駅)／罗湖站 ルゥオフウチャン／ロォウゥジャアム

羅湖口岸／罗湖口岸 ルゥオフウコウアン／ロォウハアウンゴォン

南園路美食街／南园路美食街 ナァンユゥエンルゥウメイシィジィエ／ナアムユウンロォウメイシィガアイ

深圳鋼琴博物館／深圳钢琴博物馆 シェンチェンガアンチィンボオウウグゥアン／サアムザァンゴォンカァムボッマッグゥン

追いつけの勢いで開発が進んだ）。やがてここ蔡屋圍も手ぜまに
なってしまい、2000年代にはさらに西の福田に新たな開発
区が築かれ、金融センターの機能もそちらに遷った。

地王大厦（信興広場）／地王大厦（信兴广场）★★☆
北 dì wáng dà shà (xìn xìng guǎng chǎng) 広 dei³ wong⁴ daai³ ha³ (seun¹ hing¹ gwóng cheung⁴)
ちおうだいか(しんこうひろば)／ディイワンダアシャア(シンシィングゥアンチャアン)／デェイワンダアイハァ(ソォンヒイングゥオンチャアン)

　　深圳が飛躍的な成長をとげた1990年代に、この街のラ
ンドマークとして知られていた地王大厦(信興広場)。オフィ
スや商業施設の入居する69階建ての超高層ビルで、高さは
298.34m、先端の2本のポールをあわせると383.95mになる
(1996年3月の完成当時は、中国でもっとも高く、世界でも5番目の高さで
あった)。設計は中国系アメリカ人の張国言の設計で、2本の
柱状のタワーを軸に、幅と高さの比率が1対9、平らで薄く、
上部に伸びあがる幾何学的なフォルム、緑色の外壁のたた
ずまいを見せる。地王大厦(信興広場)の立つ、深南東路、宝安
南路と解放中路のまじわる蔡屋圍の中心は、黄金三角地帯
と呼ばれ、当時、この街への期待もふくめて高額で落札され
たことから、「地価の王様」を意味する地王大厦の名前がつ
けられた。オフィスの集まるビジネスセンター、金融機関、
ホテル、ショッピング機能といったいくつもの性格をもち、
地王大厦(信興広場)の建設は1990年代の中国の最重要プロ
ジェクトのひとつだった。1997年の香港返還直前の1996年
に完成し、地王大厦の69階にある展望台「深港之窓」からは
南の香港が視界に入った。それはこの地王大厦が「香港から
学び、香港に追いつく」という深圳という街の性格を示して
おり、目下の曲がりくねって流れる深圳河は、飛翔する龍の
姿にもたとえられた。

拓荒牛／拓荒牛★☆☆

🀄 tà huāng niú　🀄 tok² fong¹ ngau⁴

たくこうぎゅう／タアフウアンニィウ／トオッフォンガアオ

　1979年以前、香港に隣接する深圳には、農村地帯が広がるばかりでほとんど何もなかった。その荒野を切り開いていった精神は、「拓荒牛(開拓する牛)」と重ねられ、蔡屋圍の初代深圳証券取引所があった場所の前にオブジェがおかれた。この拓荒牛の彫刻は、都市が立ちあがったばかりの黎明期の深圳の姿を象徴的に表現している。

京基100／京基100★★☆

🀄 jīng jī yāo líng líng　🀄 ging¹ gei¹ yat¹ ling⁴ ling⁴

けいきひゃく／ジンジイヤァオリンリン／ギィンゲエイヤッリィンリィン

　蔡屋圍の地王大厦そばに立つ高さ441.8m、100階建ての京基100。2011年に完成した深圳有数の高層建築で、ビジネスオフィス、ホテル、商業モールなどが入居している。その高さは近くの地王大厦をしのぎ、鋭利な刃物のように伸びあがって先端が細くなる(創建当初は深圳で1位、中国で3位、世界でも8番目の高さだった)。京基100を建設した京基集団は改革開放以後の1994年に設立され、以来、深圳を拠点に、広東省、香港、マカオの粤港澳大湾区に進出し、不動産、商業店舗、金融、農業、情報、文化メディアと、幅広い事業を展開している。蔡屋圍に京基100と地王大厦が立つ姿は、深圳羅湖区の発展や街並みを表す光景としてしばしば使われる。京基100大厦、南方音をもとにしたKingKey 100 Towerともいう。

深圳大劇院／深圳大剧院★☆☆

🀄 shēn zhèn dà jù yuàn　🀄 sam¹ jan² daai³ kek³ yún

しんせんだいげきいん／シェンチェンダアジュウユウエン／サアムジャアダアイケッユゥン

　深圳経済特区の造営がはじまってから10年目の1989年に開業した深圳大劇院。深圳の開発にあわせて計画された8つの文化施設のうちのひとつ(劇場)で、大劇場、音楽庁、貴賓

深圳墟ほとりを流れる布吉河にかかる人民橋

長らく深圳のランドマークとして親しまれてきた地王大厦

深圳証券取引所はかつて羅湖蔡屋圍にあった

今では観光地になっている鄧小平画像広場

庁などからなる。深圳大劇院フィルハーモニー管弦楽団の演奏舞台となっているほか、コンサートや芸術祭なども開かれる（世界中からトップアーティストの集まる深圳大劇芸術節が行なわれている）。この深圳大劇院の建設からは、経済とともに文化的にも優れた都市をつくろうという意図が見え、1990年代に羅湖から蔡屋園へと深圳の開発が遷っていく軌跡も伝えている。

鄧小平画像広場／邓小平画像广场★★★

㉛ dèng xiǎo píng huà xiàng guǎng chǎng ㉚ dang³ siu ping⁴ waak³ jeung³ gwóng cheung⁴
とうしょうへいがぞうひろば／ダンシィアオビンフゥアシィアングゥアンチャアン／ダァンシゥウペェンワァッジョオングゥオンチャアン

　20世紀末、それまでの共産主義の計画経済を大きく転換させ、資本主義の要素をとり入れる改革開放を唱え、深圳の発展を方向づけた鄧小平(1904〜97年)の看板が立つ鄧小平画像広場。高さ10m、幅30mで、「百年不変」の文字とともに人民服を着た鄧小平の絵が見える。1949年の中華人民共和国の設立以来、毛沢東、周恩来とともに鄧小平は中国の共産党の幹部として手腕を発揮してきた。文化大革命などで失脚したが、何度も復活する不撓不屈の精神をもって、毛沢東死後の1978年、中国共産党の実権を掌握した。鄧小平は自らの故郷である四川省のことわざ「白猫黒猫（白い猫でも黒い猫でもネズミをとる猫がよい猫だ）」をたとえに出し、「先に豊かになれる者から豊かになれ」と唱え、人民公社を解体して改革開放路線を指導した。その最初の舞台となったのが香港に隣接する広東省深圳で、香港、台湾、日本などの資本や投資が呼びこまれ、工業、商業などの各分野で開発がはじまった。1992年の春節、88歳になった鄧小平は深圳を訪れ、経済発展の速度をより進める「南巡講話」を発表し、この講話が契機となって中国経済が一気に発展した。最初の鄧小平画像は画家陳炳林によるもので、当時、羅湖に代わって新たな開発の舞台となった蔡屋園の深南大道沿いに1992年6月につくられた。そして「不堅持社会主義、不改革開放、不発展

近くの地王大厦とともに摩天楼を描く高さ441.8mの京基100

経済、不改善人民生活、隻能是死路一条(改革開放を進め、経済を発展させなければ、人びとの生活はよくならず、行き詰まる)」の文言が記されていた。1994年5月、鄧小平画像は第2版となり、続く1996年の第3版では「堅持党的基本路線一百年不動揺(100年間、党の方針は堅持する)」となった。1997年、自身のたずさわった香港返還の直前に鄧小平はなくなったが、生誕100周年の2004年8月15日に、新たな第4版の鄧小平画像が完成した。現在、鄧小平画像の前は広場となっていて、この街を発展させた功労者の画像を見るために多くの観光客が訪れている。

荔枝公園／荔枝公园 ★☆☆
⦅北⦆lì zhī gōng yuán ⦅広⦆lai³ ji¹ gung¹ yún
れいしこうえん／リイチイゴオンユゥエン／ライジイグォンユウン

深南大道、紅荔路、紅嶺中路に面し、ちょうど羅湖区と福田区との境に位置する荔枝公園。市民の憩いの場となるように計画された公園で、深圳の開発がはじまってまもない1983〜85年、荔枝(ライチ)の森、水田や野菜畑、荒れ地などを利用して造営された。池の周囲にライチをはじめとした樹木、つる性植物、低木など、亜熱帯の植物、荔香閣をはじめとした建築や景勝地が配置されている。華南地方原産の荔枝(ライチ)は深圳の市樹でもあり、唐代、楊貴妃が嶺南からとりよせるほど、その実は珍重された(8昼夜かけて、根や土をつけたまま湖北省北部に運ばれ、そこから馬で唐の都、長安に届けられた)。

深圳博物館(古代芸術館)／深圳博物馆 (古代艺术馆) ★☆☆
⦅北⦆shēn zhèn bó wù guǎn (gǔ dài yì shù guǎn) ⦅広⦆sam¹ jan² bok² mat³ gún (gú doi³ wan⁴ seut³ gún)
しんせんはくぶつかん(こだいげいじゅつかん)／シェンチェンボオウウグゥアン(グゥダアイイイシュウグゥアン)／サアムザァンボッマッグゥン(グゥドオイワンセッグゥン)

1979年の深圳経済特区の開発とともに、建設された8つの文化施設のうちのひとつで、現在、古代芸術館となっている深圳博物館(深圳博物館旧館)。当初、広東省博物館、深圳図書

館などのチームが深圳各地に残る考古遺跡群を発掘し、そ
れらの文物の収集と研究を行なった。そして1981年に深圳
の歴史と文化を紹介する、この深圳博物館が設立された。深
圳市街の拡大もあって、1988年に古代芸術館となり、「問陶
之旅(深圳博物館陶瓷展)」「吉金春秋(深圳博物館銅器展)」の展示と
ともに文物の保存、展示、研究、教育拠点となっている(深圳博
物館は、各地の各館で、歴史、民俗、芸術、自然というようにあつかうテーマ
が異なる)。

璽宝楼青瓷博物館／玺宝楼青瓷博物馆 ★☆☆

㊗ xǐ bǎo lóu qīng cí bó wù guǎn ㊐ sáai bóu lau⁴ ching¹ chi⁴ bok² mat³ gún
じほうろうせいじはくぶつかん／シイバァオロォゥチィンツゥボオウゥグゥアン／サアイボオウラァウチインチィボッマァグゥウン

　中国古代の青磁を収集、展示する民間運営の璽宝楼青瓷
博物館。青磁は釉薬にふくまれる酸化鉄を変化させる焼き
かたで、幽玄な青緑色を出すため、古くから中国で好まれて
きた。この璽宝楼青瓷博物館では、3000年以上前の殷代か
ら元、明、清時代までの1000点の青磁、2000点の陶磁器を収
蔵し、青磁の歴史を概観できる。

深圳の街角で見た広告

街の黎明期に建てられた深圳大劇院

色とりどりの花が咲く荔枝公園

Luo Hu Bei Fang
羅湖北部城市案内

市街部から少し離れた羅湖北部
明清時代以来の圍や筆架山などの自然
「深圳以前の深圳」の姿も感じられる

元勲旧址／元勋旧址★☆☆

㊗ yuán xūn jiù zhǐ ㊧ yun⁴ fan¹ gau³ ji
げんくんきゅうし／ユウエンシゥンジィウチイ／ユゥンフアンガァオジイ

　深圳羅湖市街の北部、筍崗村に残る明清時代から続く集合住宅「圍」の元勲旧址。元末の14世紀、戦乱を逃れてきた何氏の一族が代々、ここに住居を構え、明中期に何雲霖が祖先の何真を記念して元勲旧址を創建した（何真は広東省を代表する賢人として知られ、何雲霖はその4世後の子孫）。東西68m、南北63.5mの規模で、高さ5m、幅1.2mの壁と、濠に周囲を囲まれたこの形態を「圍」と呼ぶ。「圍」は日本の漢字で「囲」と書くように、四方を外壁でおおい、内部を「井」の字状の路地が縦横に走る。元勲旧址では前方に門楼、背後に龍母宮が位置し、四隅には防御のための碉楼が立っている。元勲旧址内部では小さな路地が走り、140あまりの民居が集まっている。この元勲旧址は筍崗老圍（筍崗村の老圍）ともいい、深圳の開発がはじまる以前の集落（城中村）の様子を今に伝えている。

圍と城中村

　20世紀後半の改革開放を受けて、都市が建設される以前の深圳は集落が点在する農村地帯であった。そして宋代から暮らし、また清の遷界令（1661〜83年）で無人の荒野となっ

た地に移住してきた広東人(圍頭人)と客家人の集落が点在していた。こうしたなか1979年から香港に隣接する深圳の開発がはじまると、都市は各地の集落を飲み込むように拡大を続けた。羅湖には「都市のなかの村」を意味する城中村が24あったと言われ、これら「城中村」や「圍」(また客家の土楼)は周囲を壁で囲んだ城塞のようなたたずまいをしていた。この形態は明代に倭寇の襲来を防ぐために築かれたとも、財産や利権をめぐる宗族間の争いが絶えなかったことに由来するともいう。この「囲」「囲むこと」を意味する「圍」のなかには共通の祖先をもつひとつの大家族が暮らしていて、た

★★★
羅湖／罗湖 ルゥオフウ／ロォウゥ
東門老街／东门老街 ドォンメンラァオジイエ／ドォンムゥンロォウガアイ
鄧小平画像広場／邓小平画像广场 ダァンシィアオビンフゥアシィアングゥオアンチャアン／ダァンシィウベェンワァッジョオングゥオンチャアン
福田／福田 フウティエン／フッティン

★★☆
蔡屋圍／蔡屋围 ツァイウゥウェイ／チョイオッワァイ
地王大厦(信興広場)／地王大厦（信兴广场） ディイワァンダアシャア（シンシィングゥオアンチャアン）／デェイウォンダアイハア（ソォンヒイングゥオンチャアン）
京基100／京基100 ジンジイァアオリンリン／ギィンゲエイヤッリィンリィン
華強北商業区(華強北路)／华强北商业区 フゥアチィアンベェイシャンイィエチウ／ワアカアンパアッサァンイッコオイ

★☆☆
元勲旧址／元勋旧址 ユゥエンシゥンジィウチイ／ユゥンフアンガアオジイ
深圳市人民公園／深圳市人民公园 シェンチェンシイレェンミィンゴォンユゥエン／サアムザァンシイヤンマングウオンユゥン
八卦一路美食街／八卦一路美食街 バアグゥアイイルゥウメェイシイジィエ／バアッグゥアヤッロォウメェイシッガアイ
筍崗玩具文具批発市場／筍岗玩具文具批发市场 スゥンガアンワァンジュウウェンジュウビイファアシイチャアン／セェウンゴォンウゥンゴォイマンゴォイバアイファアッシイチャアン
深圳芸展中心／深圳艺展中心 シェンチェンユゥンチャアンチョンシン／サアムザァンワンジィンジョオンサアム
深圳体育場／深圳体育场 シェンチェンティイウゥチャアン／サアムザァンタアイヨッチャアン
筆架山公園／笔架山公园 ビイジィアシャンゴォンユゥエン／バアッガアサアングウオンユゥン
筆架山侵華日軍碉堡／笔架山侵华日军碉堡 ビイジィアシャンチィンフゥアリイジュンディアオバァオ／バッガアサアンチャアムワァヤッグゥワンディウボォウ
深圳河／深圳河 シェンチェンハア／サアムザァンホォ
羅湖駅(深圳駅)／罗湖站 ルゥオフウチャン／ロォウゥジャアム
羅湖口岸／罗湖口岸 ルゥオフウコォウアン／ロォウゥハアウンゴォン
深南大道／深南大道 シェンナァンダアダァオ／サアムナアムダアイドォウ
深圳中心公園／深圳中心公园 シェンチェンチョオンシィンゴォンユゥエン／サアムザァンジョオンサアムゴォンユゥン
福田村／福田村 フウティエンツゥン／フッティンチゥウン
牛巷坊砲楼／牛巷坊炮楼 ニィウシィアンファンバァオロォウ／ンガウホォンフォンバァオラオ
福田口岸／福田口岸 フウティエンコォウアン／フッティンハアウンゴォン
皇崗口岸／皇岗口岸 フゥアシガアンコォウアン／ウォンゴォンハアウンゴォン

とえば元勲旧址(筍崗老圍)の住人は全員が何氏であるという
特徴をもつ(共通の父系の祖先から、宗族を形成する)。

深圳市人民公園／深圳市人民公園★☆☆
⊕ shēn zhèn shì rén mín gōng yuán　⑥ sam¹ jan² si, yan⁴ man⁴ gung¹ yún
しんせんしじんみんこうえん／シェンチェンシイレェンミィンゴォンユウエン／サアムザァンシイヤンマングウオンユウン

　この街の開発がはじまってまもない1983年に整備され
た、市民の憩いの場の深圳市人民公園。月季園景区、運動康
楽区、遊覧休閑区、苗圃区などからなり、湖の周囲に配置さ
れた亭やアーチを描く橋が見られるほか、400種類もの樹木
が四季折々の花を咲かせている。とくに1985年から月見草
の栽培をしていて、月見草がこの公園のテーマとなってい
る。羅湖東門老街の北側に位置する。

八卦一路美食街／八卦一路美食街★☆☆
⊕ bā guà yī lù měi shí jiē　⑥ baat² gwa² yat¹ lou³ mei, sik³ gaai¹
はっけいちろびしょくがい／バアグゥアイイルゥウメェイシイジィエ／バアッグゥアヤッロォウメェイシッガアイ

　街区の中央を南北に走る八卦路を中心とし、南から北に
向かって八卦一路、二路、三路、四路というように東西に通
りが伸び、そのあいだを路地が碁盤の目状に入り乱れて走
る八卦路(八卦嶺地区)。これら八卦路の通りのなかで、八卦一
路にレストランが集まり、八卦一路美食街(八卦美食街)を形
成している。地元で親しまれている広東料理をはじめ、移民
都市深圳の性格から、四川料理、湖南料理、東北料理など中
国各地方の料理を出す店がならぶ。深圳市街北東部にある
この街区は、開発がはじまってまもない1986年に加工工業
区のひとつとして開発された八卦嶺工業区を前身とする。

笱崗玩具文具批発市場／笋岗玩具文具批发市场 ★☆☆

(北) sǔn gǎng wán jù wén jù pī fā shì chǎng (広) séun gong¹ wun³ geui¹ man⁴ geui³ pai¹ faat² si, cheung⁴

じゅんこうがんぐぶんぐひはついちば／スゥンガアンワンジュウェンジュウビイファアシイチアアン／セェウンゴォンウゥンゴォイマンゴォイバアイフアッシイチアアン

　　笱崗玩具文具批発市場は、1999年に開業した深圳を代表する文具や玩具の卸売市場。数えきれないほどの店舗が入居し、色鮮やかな商品が軒先にびっしりとならぶ。文具、玩具、スポーツ、工芸品、祝祭用品など、商品はあわせて1万種類におよぶといい、香港やマカオからもバイヤーが買いつけに訪れるという。

深圳芸展中心／深圳艺展中心 ★☆☆

(北) shēn zhèn yún zhǎn zhōng xīn (広) sam¹ jan² wan⁴ jin jung¹ sam¹

しんせんげいてんちゅうしん／シェンチェンユゥンチャアンチョンシン／サアムザァンウンジンジョオンサアム

　　洗練された家具や照明、アートをあつかう深圳芸展中心(Art Design Center)。この芸展中心は2000年に開業し、一期、二期、三期というように規模を拡大してきた。もともと深圳にあった古い倉庫街が利用されていて、デザイン性の高い中国内外のブランド雑貨や家具、インテリアのならぶ工芸城として知られている。満京華集団によって運営されている。

深圳体育場／深圳体育场 ★☆☆

(北) shēn zhèn tǐ yù chǎng (広) sam¹ jan² tái yuk³ cheung⁴

しんせんたいいくじょう／シェンチェンティイユウチャアン／サアムザァンタアイヨッチャアン

　　筆架山下、上歩路と華強北路が北側で三角形をつくる頂部に位置する深圳体育館。陸上競技やサッカーなど各種スポーツを行なう競技場で、1993年に完成した(その翌年、深圳市足球倶楽部が発足している)。南北258m、東西200mの規模で、3万2500人の観客を収容する。

筆架山公園／笔架山公园 ★☆☆

㊫ bǐ jià shān gōng yuán　㊅ bat¹ ga² saan¹ gung¹ yún

ひつかさんこうえん／ビイジィアシャンゴォンユゥエン／バアッガアサアングゥオンユウン

　　華強北路の北方にそびえる筆架山を利用した筆架山公園（主峰178m）。筆架山という名前は、10以上あるピークのうち、3つの主要なピークが東西にならび立ち、筆架（ペン立て）のような姿をしていることによる。1989年に整備がはじまり、1999年に市民に開放された。起伏に富んだ地形で、美しい花が咲き、鳥類、動物、蝶や昆虫、蛇などが生息する。福田河がここから流れてやがて深圳河に合流するほか、上部からは福田や羅湖の摩天楼、遠くに深圳湾、蛇口、香港新界をのぞむことができる。

筆架山侵華日軍碉堡／笔架山侵华日军碉堡 ★☆☆

㊫ bǐ jià shān qīn huá rì jūn diāo bǎo　㊅ bat¹ ga² saan¹ cham¹ wa⁴ yat³ gwan¹ diu¹ bóu

ひつかさんしんかにちぐんちょうほ／ビイジィアシャンチィンフゥアリイジュンディアオバァオ／バッガアサアンチアアムワァヤッグゥワンディウボォウ

　　深圳筆架山の主峰と次峰のあいだに残る筆架山侵華日軍碉堡。日中戦争中の1938年に広州を陥落させた日本軍は、続いて深圳も占領し、筆架山に砦（碉堡）を築いた。1941年、太平洋戦争開戦とともに、日本軍はここ深圳からイギリス領の香港へと進撃した。

羅浮山下四時春

盧橘楊梅次第新

日啖荔枝三百顆

不辭長作嶺南人

宋蘇軾出惠郡絕句圖

莘莊民畫

Hua Qiao Bei
華強北城市案内

加工した商品を安価な価格で輸出する
世界の工場として出発した黎明期の深圳
今では一大商業街の華強北路がその舞台となった

華強北商業区 (華強北路)／华强北商业区 ★★☆
Ⓟ huá qiáng běi shāng yè qū　Ⓖ wa⁴ keung⁴ bak¹ seung¹ yip³ keui¹
かきょうきたしょうぎょうく(かきょうほくろ)／フゥアチアンベェイシャンイィエチュウ／ワアカアンバアッサァンイッコォイ

　羅湖市街と福田市街のちょうどあいだ、深南大道から北に走る華強北路を中心として商圏を形成する華強北商業区(華強北路)。ここは当初の開発区羅湖が手ぜまになったことから、1991年、当時農村だった(羅湖に隣接する)上歩村の市街地化が決まり、上歩工業区として出発した。華強北路という名称は、広東省有数の技術をもつ企業であった華強公司が深圳の開発とともに遷ってきて、この地を拠点としたことによる(華強とは「中華民族、富裕強大」のこと)。電子機器、電化製品、通信機器、時計などを製造する40棟以上の工場があり、この界隈は「世界の工場」という様相を呈していた。華強北路は当初、安価な製品、模倣品「山塞＝ニセモノ」の集積地でもあったが、やがて中国でも最大規模の電気街「中国電子第一街」として知られることになった。1998年、深圳市と福田区が共同で資金を投じて再開発がはじまり、華強北路は工業製品以外の商品やビジネスも集まる大規模商圏へと成長した。現在は南北930m、東西1560mのエリアに電化製品や情報機器のほか、ファッション、アクセサリー、グルメ(華強北美食街)の店舗がならび、地上75階、高さ355.8mの賽格広場はじめ、華強電子世界、華強北広場、群星広場、茂業百貨、天

華強北路

紅荔路　　　　　　　　　華新　　　　地鉄3号線

友誼路

航天路

工発路

振興路

深圳中心公園

中航路

地鉄7号線

華富路

華強北路

振華路

地鉄2号線

華強北

華強北美食街

華強北博物館

航苑路

華強北

振中路

中航路

華強電子世界

上海賓館

華強電子世界

華強北商業区

賽格広場

電子大厦

深南大道　　　　深南中路　　　　地鉄1号線

華強路

福虹路

華強南路

華発南路

福明路

南園路美食街

福華路

南園路

華強南

N

0m　　　　　　　　500m

虹商場などの大型店舗が華強北路に集まる。

電子大厦／电子大厦★☆☆
Ⓑ diàn zǐ dà shà Ⓖ din³ jí daai³ ha³
でんしだいか／ディエンツウダアシャア／ディンジイダアイハァ

　深南大道、華強北路の入口に立つ20階建て、高さ69.9mの電子大厦。1981年に建設がはじまり、翌年、完成した当時、この建物の周囲には建物はほとんどなかったという。深圳経済特区と同時に生まれた中国電子技術進出口公司深圳分部の拠点だったところで、当時の安い人件費を使って製品をつくり、輸出するモデルで深圳の産業を成長させた（華強北の電子街が徐々に出現した）。電子大厦は改革開放の原点であり、深圳の発展を象徴する建物でもあった。1980年代初頭、中国人自らが建設したものとしてはもっとも高いビルのひと

つであり、「深圳中電」という青い文字が見える。

華強北美食街／华强北美食街★☆☆
⑪ huá qiáng běi měi shí jiē ⑭ wa⁴ keung⁴ bak¹ mei, sik³ gaai¹
かきょうきたびしょくがい／フウアチアンベェイメイシイジィエ／ワアカアンバアッメェイシッガアイ

　広東料理はじめ、中国各地の料理、小吃などを出す店が集まる華僑北商圏の華強北美食街。華強北が電子街から総合的な商圏エリアへと発展するなかで、このグルメストリートが形成された。華強北路と直角に交わる振華路も美食街として知られる。

華強北博物館／华强北博物馆★☆☆
⑪ huá qiáng běi bó wù guǎn ⑭ wa⁴ keung⁴ bak¹ bok² mat³ gún
かきょうきたはくぶつかん／フウアチアンベェイボオウウグゥアン／ワアカアンバアッボッグゥアン

　1979年の改革開放の流れを契機に、わずか40年で世界的な都市へと成長した深圳。そのなかでも電子部品や通信機器の工場が集積していた華強北路は、深圳の軌跡を象徴する街だと言え、華強北博物館ではその歩みを紹介する。「発展夢」「創業夢」「創新夢」「未来夢」といった構成で、模倣から起業、イノベーション都市へと深圳速度で飛躍していく深圳を概観できる。華強北で生まれた最初のテープレコーダーやチップ、古いテープなど、華強北博物館ではこの街の歴史を物語る展示が見られる。

上海賓館／上海宾馆★☆☆
⑪ shàng hǎi bīn guǎn ⑭ seung³ hói ban¹ gún
しゃんはいひんかん／シャンハァイビィングゥアン／ソォンホォイバアングゥアン

　1985年の開業で、深圳黎明期から海外の賓客を迎えてきた上海賓館。ドーム屋根を載せる堂々としたたたずまいを見せる老舗のクラシックホテルで、会議室やレストランをそなえ、宿泊にあわせて余暇や娯楽を楽しむことができる。深南大道に面し、華強北路と中心公園に隣接する。

深圳中心公園／深圳中心公园★☆☆
㉜ shēn zhèn zhōng xīn gōng yuán ㉗ sam¹ jan² jung¹ sam¹ gung¹ yún
しんせんちゅうしんこうえん／シェンチェンチョンシンゴンユウエン／サアムザァンジョオンサアムゴォンユゥン

　南北2.5km、東西800mの都市緑地(『800米緑化隔離帯』)をつくる深圳中心公園。ヤシの木をはじめとした亜熱帯の樹木が茂るなか、各所に彫刻やモニュメントが配置され、自然の景観を利用した公園となっている。梅林坳から深圳河へと流れる福田河が南北をつらぬき、この渓流には汀歩橋が渡されている。また老将軍、化学者や芸術家を紹介する華夏英傑墨宝園博物館も位置する。1999年の開園し、羅湖と福田、深圳市街部のちょうどあいだの中心に位置することから深圳中心公園と名づけられた。

南園路美食街／南园路美食街★☆☆
㉜ nán yuán lù měi shí jiē ㉗ naam⁴ yún lou³ mei, sik³ gaai¹
なんえんろびしょくがい／ナァンユゥエンルゥウメイシイジィエ／ナアムユゥウンロウメイシィッガアイ

　南園街道は深圳福田区の南大門にあたり、深圳河を越えた先には香港新界が位置する。南園街道の南園路、またそれに並行する東園路には料理店や小吃店が集まっていて、南園路美食街(東園路美食街)を形成している。長さ1kmほどの東西の通りに潮汕料理(潮州や汕頭の料理)、広東料理はじめ、客家料理、東北料理、湖南料理、雲南料理、新疆料理など、中国各地方の料理を出す店がならぶ。

深圳鋼琴博物館／深圳钢琴博物馆★☆☆
㉜ shēn zhèn gāng qín bó wù guǎn ㉗ sam¹ jan² gong² kam⁴ bok² mat³ gún
しんせんこうきんはくぶつかん／シェンチェンガアンチィンボオウグゥアン／サアムザァンゴォンカァムボッマッグゥン

　上歩南路の楽器城に位置する、ピアノ(鋼琴)にまつわる深圳鋼琴博物館。アメリカやヨーロッパ、中国製のピアノがおかれていて、もっとも古いものでは1798年のグランドピアノが見られる。深圳は「ピアノの都市」と呼ばれるほど、鋼琴(ピアノ)の愛好者が多く、人びとの生活水準の向上にとも

華強北路の発展は、深圳の発展と重ねて見られる

華強電子世界の文言が見える

電子街から商業街へと成長した華強北商業区（華強北路）

昔ながらの華強北路を彷彿とさせる光景

なって、高級楽器への関心も高まることになった。

福田村／福田村 ★☆☆
(北) fú tián cūn (広) fuk¹ tin⁴ chyun¹
ふくだむら／フウティエンツゥン／フッティンチュウン

　深圳河のほとりに位置し、南宋時代から集落のあった福田村。1192年、上沙村の黄氏のひとりが松子嶺南に移住して、荒れた土地を耕して田んぼにした。そして福田という地名は、「湖山拥福、田地生輝(湖山に祝福され、田地が輝く)」からとも、「徳福于田(田んぼに恵まれる)」からつけられたともいう。長らく上沙村とこの福田村がこの地域の中心であり、深圳の中央商務区がおかれている福田の地名もこの福田村に由来する。現在は牌楼が立ち、ビルが林立する城中村のひとつとなっている。

牛巷坊砲楼／牛巷坊炮楼 ★☆☆
(北) niú xiàng fāng pào lóu (広) ngau⁴ hong³ fong¹ paau² lau⁴
ぎゅうこうぼうほうろう／ニィウシィアンファンパァオロォウ／ンガウホォンフォンパァオラオ

　深圳中央商務区(CBD)の福田の名前で知られる福田村に残る牛巷坊砲楼。「牛巷坊にある砲楼(砦)」という意味で、中華民国時代に建てられたこの碉楼は、古い時代の深圳の街の様子を伝えている。古ぼけた小さな窓、厚く、黒ずんだ壁をもち、村の防衛機能をになっていた。隣人と握手が可能な「握手楼」の代表格でもある。

Huang Gang
皇崗城市案内

**福田CBDの南の玄関口になる皇崗
24時間、口岸は開放され
香港との一体化が進む深圳の最前線**

福田口岸／福田口岸★☆☆
🀄 fú tián kǒu àn 🀄 fuk¹ tin⁴ háu ngon³
ふくだこうがん／フウティエンコウアァン／フッティンハアウンゴォン

　香港と深圳を結ぶ窓口は、長らく九広鉄路の走る羅湖に
あったが、福田の開発にあわせて2004年に福田口岸の建設
が決まった。2007年にこの福田口岸は開通し、それととも
に香港MTR東鉄線の落馬洲駅も同年、開業した(MTR東鉄線
は口岸に近い香港北方の上水で、羅湖行きと落馬洲行きにわかれる)。こ
の福田口岸のすぐ近くには皇崗口岸があり、このふたつの
口岸は福田口岸が旅客用、皇崗口岸が業務トラック用とい
うように役割分担がされている。福田口岸の深圳河には、長
さ240m、幅16.5m、上下2階建ての橋がかかっていて、人が往
来する。この口岸の南北に、深圳地下鉄4号線と香港MTR東
鉄線の路線がそれぞれ伸び、深圳と香港が結ばれている。

皇崗口岸／皇崗口岸★☆☆
🀄 huáng gàng kǒu àn 🀄 wong⁴ gong¹ háu ngon³
こうこうこうがん／フゥアンガアンコォウアァン／ウォンゴオンハアウンゴォン

　皇崗口岸の名前は近くの皇崗村からとられていて、深圳
福田と香港落馬洲を結ぶこの口岸(イミグレーション)では貨物
トラックが往来する。改革開放がはじまったのちの1985年
に建設がはじまり、1989年に貨物区間、1991年に旅客区間

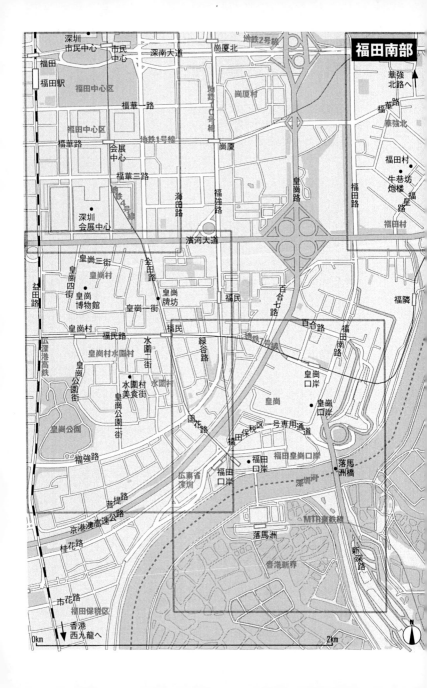

福田南部

深圳
市民中心
市民
中心
深南大道
崗廈北
地鉄2号線
華強
北路へ

福田
福田駅
福田中心区
福華一路
崗廈村
華路
華強北

福田中心区
福華路
地鉄1号線
会展
中心
崗廈
福田村
牛巷坊
炮楼
福
屋
路

福華三路
海田路
福強路
崗廈
福田路
福田村

深圳
会展中心
地鉄4号線
皇崗路
福隣

濱河大道
地鉄7号線

益田路
皇崗三街
金田路
皇崗四街
皇崗村
皇崗
福民
百合七路
百合路
福田南路

皇崗
博物館
皇崗一街
皇崗牌坊
福民路

皇崗村
福民
綠谷路
地鉄7号線

皇崗村水園村
水園
一街
皇崗口岸

広深港高鉄
皇崗
公園一街
水園村
美食街
水園村
皇崗
口岸
皇崗
口岸

皇崗
公園二街
国花路

皇崗公園
福強路
一号専用通道
皇崗
保税区

福
保税
福田皇崗口岸
落馬
洲橋

菩提路
福田
口岸
福田
口岸
深圳河

広東省
深圳
新深路

京港澳高速公路
MTR東鉄線

桂花路
落馬洲

香港新界

市花路
福田保税区

香港
西九龍へ

0km
2km

福田皇崗口岸

皇崗村水圍村

深圳
会展中心

福田中心区

濱河大道

金田路

海濱広場

福強路

皇崗四街

皇崗三街

吉龍三街

福民

皇崗博物館
(皇崗庄氏宗祠)

皇崗七街

皇崗村

皇崗牌坊

吉龍七街

地鉄10号線

皇崗一街

皇崗五街

皇崗十街

福民路

福民

地鉄7号線

皇崗村

益田路

皇崗公園四街

龍秋街

緑谷路

水圍村
美食街

水圍文化
広場

龍秋古井

水圍街

皇崗公園街

水圍七街

水圍村

皇崗公園一街

水圍七街

水圍一街

水圍四街

国花路

皇崗公園

柵田口岸

福田口岸

福強路

福桂街

銀桂道

金桂道

広東省
深圳

菩提路

桂花路

深谷路

区一号専用通道

福田保税区

丹桂路

京港澳

福田保税区

1km

香港新界

N

0km

が開通した(現在、旅客は福田口岸を使っている)。皇崗口岸では、24時間体制の通関が行なわれていて、24時間口岸が開いたことで、深圳と香港は実質、一体化した。交通量が世界でもっとも多い陸路口岸(国境)のひとつであり、香港が中国に返還された1997年7月1日、人民解放軍はここ皇崗口岸と沙頭角口岸、文錦渡口岸から香港への軍を進めた。

皇崗村／皇岗村 ★☆☆
北 huáng gǎng cūn 広 wong⁴ gong¹ chyun¹
こうこうむら／フウアンガアンツゥン／ウォンゴオンチュウン

香港新界からも視界に入る深圳河ほとりで、明清時代から続く集落(城中村)の皇崗村。福田(深圳)と落馬洲(香港)を結ぶ口岸が近くにあり、1979年に深圳の開発がはじまる以前は、漁労生活を行なう人びとの姿があった。皇崗村の住民は全員が荘氏で、甘粛省天水から河南省、福建省、杭州をへて、明代に深圳にたどり着いた。上圍、下圍、吉龍といった3つの村から構成されていて、現在、皇崗、水圍とわかれている城中村も本来、同じ村だった。そして、アヘン戦争(1840～42年)

★★★
福田／福田 フウティエン／フッティン
深圳市民中心／深圳市民中心 シェンチェンシイミィンチョオンシン／サアムザァンシイマンジョオンサアム

★★☆
皇崗博物館(皇崗荘氏宗祠)／皇岗博物馆 フウアンガアンボオウウグゥアン／ウォンゴオンボッマッグウン
深圳中心区(深圳中央商務区)／深圳中心区(深圳中央商务区) シェンチェンチョオンシンチュウ(シェンチェンチョオンヤアンシャアンウウチュウ)／サアムザァンジョオンサアムコイ(サアムザァンジョオンヤアンサアンモウウコイ)

★☆☆
福田口岸／福田口岸 フウティエンコウウアン／フッティンハアウンゴォン
皇崗口岸／皇岗口岸 フウアンガアンコウウアァン／ウォンゴオンハアウンゴォン
皇崗村／皇岗村 フウアンガアンツゥン／ウォンゴオンチュウン
水圍村美食街／水围村美食街 シュウイウェイツゥンメイシイジィエ／ソイワアイチュウンメイシイッガアイ
龍秋古井／龙秋古井 ロォンチィウグウジン／ロォンチャアウグウジエン
皇崗公園／皇岗公园 フウアンガアンゴオンユウエン／ウォンゴオンゴォンユウン
崗廈村／岗厦村 ガアンシャアツゥン／ゴォンハァチュウン
深圳河／深圳河 シェンチェンハァ／サアムザァンホォ
福田村／福田村 フウティエンツゥン／フッティンチュウン
牛巷坊砲楼／牛巷坊炮楼 ニィウシィアンファンパァオロォウ／ンガウホォンフォンパァオラオ
深圳会展中心／深圳会展中心 シェンチェンフゥイチャアンチョオンシン／サアムザァンウイジィンジョオンサアン

後にイギリスの植民都市ができるまで、国境(ボーダー)はなく、人びとは自由に深圳河の南北を往来していた。その後、日中戦争(1937～45年)中は広東と香港を結ぶ秘密基地となり、1949年の新中国設立後は飛躍的な経済発展をとげた香港へ、皇崗あたりから深圳河を渡って亡命(密入国)を試みる中国人の姿もあった。20世紀末の羅湖開発に続いて、その西側の福田の開発が決まると、皇崗の地にふたつの口岸がおかれ、2007年、香港側のMTR東鉄線落馬洲の整備もあって、皇崗村の重要度は増した。皇崗村の都市化も進み、香港にくらべて物価が安いこと、距離的に近いことから、香港人の集まる「小香港」とも言われた。福田の大規模開発のなかで、明清時代から深圳にあった城中村という性格が見直され、1998年から皇崗村も整備が進んだ。現在、黄、赤、緑色の極彩色、彫刻のほどこされた皇崗牌坊が立ち、そこから西に向かって皇崗一街が伸び、その先には皇崗村を開いた荘氏をまつる皇崗荘氏宗祠(皇崗博物館)が位置する。

皇崗博物館(皇崗荘氏宗祠)／皇岗博物馆★★☆

⑭ huáng gǎng bó wù guǎn ⑮ wong⁴ gong¹ bok² mat³ gún
こうこうはくぶつかん(こうこうそうしそうし)／フゥアンガァンボオウウグゥアン／ウォンゴオンボッマッグゥン

皇崗村の入口にあたる皇崗牌坊から皇崗一街が村の中心広場に続き、そこには緑色の屋根瓦を載せた嶺南建築の皇崗博物館(皇崗荘氏宗祠)が立つ。深圳に南遷してきて皇崗村を開いた荘氏をまつる祠堂で、清朝乾隆年間(1735～95年)に建てられた旧祠堂は福民路北あたりにあった。旧祠堂は破壊の憂き目にあったが、1998年から古きよき時代の皇崗村の「発見」と再開発がはじまり、この地に皇崗博物館(皇崗荘氏宗祠)が再建された(荘氏宗祠をかつてのものとしてよみがえらせた)。幅14m、奥行41.6mの建築は、西から東に向かって立ち、前堂、中堂、後堂へと奥に連続する。現在は国や省、市ではなく村の管理するめずらしい村級博物館となっていて、「皇崗的昨天、今天与明天(皇崗の昨日、今日と明日)」の展示が見られるほ

都市が村を飲み込んでいき、城中村ができた

開発が進む前には客家人や囲頭人が暮らしていた

広東省広州と香港のはざまの街の姿

か、資料や写真で皇崗村の歩みをたどることができる。

水圍村美食街／水围村美食街★☆☆
(北) shuǐ wéi cūn měi shí jiē　**(広)** séui wai⁴ chyun¹ mei, sik³ gaai¹
すいいむらびしょくがい／シュウイウェイツゥンメイシイジィエ／ソォイワァイチュゥンメェイシイッガアイ

　水圍村はもともと皇崗村と同じ村で、明の洪武年間(1368
〜98年)に荘蒙斎とその子である潤公によって開村された。
深圳に遷ってきたふたりは、ある日、甘い水のわく泉をここ
で見つけたため、井戸を掘って壁で囲んで集落を築いた。そ
して「水環四壁、圍昌万年(水は四壁をめぐり、圍は万年栄える)」と
いう対句を記し、水圍村と名づけられた。20世紀末までは
粗末な村だったが、2000年ごろから水圍村の再開発がはじ
まり、水圍文化広場を中心に荘子銅像、雅石芸術博物館など
が位置している。深圳の開発とともに城中村となり、現在は
香港新界に近い立地から深圳のなかの「港式消費圏(香港人が
やってきて、ここで消費していく)」となっていて、香港風の早茶、
点心、面包を出す香港式レストランがならんでいる。

龍秋古井／龙秋古井★☆☆
(北) lóng qiū gǔ jǐng　**(広)** lung⁴ chau¹ gú jéng
りゅうしゅうこせい／ロォンチィウグゥジィン／ロォンチャァウグゥジェエン

　龍秋古井は、水圍村の由来となった甘い水のわく井戸。明
の洪武年間(1368〜98年)に荘氏4世の蒙斎、5世の荘潤父子に
よって掘られた井戸で、水圍村はこの井戸の周囲に築かれ
た(深圳福田に遷ってきた親子が、この龍秋古井を見つけて、ここに村をつ
くった)。井戸は明代から何度も補修されていて、現在のもの
は清代創建で、直径1.5m、深さ2.16m(六角の辺の長さは0.65m)に
なる。塩分や苦味のある周囲の井戸水に対して、龍秋古井の
水は甘く、おいしいと愛されてきた。

皇崗公園／皇岗公园 ★☆☆

㊗ huáng gǎng gōng yuán ㊗ wong⁴ gong¹ gung¹ yún
こうこうこうえん／フゥアンガアンゴォンユゥエン／ウォンゴオンゴォンユゥン

深圳福田区を南北につらぬく中心軸の南端に位置し、自然の丘陵を利用した皇崗公園。めざましい発展をとげる福田にあって、都会のオアシスの役割を果たし、人びとの憩いの場となっている。1997年に開放され、南門広場、西門広場、東門広場、中心草坪、林蔭園道、登山園道などから構成される。

崗厦村／岗厦村 ★☆☆

㊗ gǎng shà cūn ㊗ gong¹ ha³ chyun¹
こうかむら／ガアンシャアツゥン／ゴオンハァチュゥン

福田CBD市民中心の南東に位置し、深圳の開発がはじまる以前からあった城中村の崗厦村。崗厦村の住人のほとんどは「文」という名字をもち、彼らは南宋時代に元朝に抵抗した英雄、文天祥(1236〜82年)の子孫を自認する。1278年、文天祥はモンゴル軍に対抗するために南方へ遷って抗戦を続けたが、やがて文一族の義勇軍はちりじりになり、そのうちのひとりが現在の深圳に逃れて村を築いた(崗厦村の始祖文萃正は、文天祥の従兄弟である文天瑞の5代目の子孫)。土地が肥沃で、鬱蒼とした森林が広がるこの地はサツマイモが多く栽培されていたことから、「番薯之村(サツマイモの村)」と呼ばれていた。そして崗厦村の住人は、上沙村や下沙村に暮らす漁師たちと、サツマイモと海産物の物々交換をしていたという。1979年の改革開放前、村には瓦屋根の家が100軒ほどしかなく、崗厦村の文氏の多くは香港に出稼ぎに行ったりしていたが、深圳福田の開発とともに城中村となった。

対岸には香港新界が見える

潮水

Black 'n White

ソル

liu dong dang di diê suan diêng ian bêh ni
流动中的潮汕电影百年

策展人
陈柏麒

特邀策展人
冯宇

Curated by
Chen Baiqi

Special Curator
Feng Yu

学术顾问
杨槃槃

Academic Adviser
Yang Panpan

liu dong di zoin uê
流动的前卫
dong gog za ki diêng ian dong di diê ring cang zag gib huêngbang ian hiêng
中国早期电影中的潮人创作及番邦影响

流动的图像
冷战背景下潮语戏曲片的影史 "三岔记"

流动的地方
冷战架主义语境中的 "潮汕电影新浪潮"

OCAT Re
OCAT T

Huaxin Art Ce

开放时间 Ti
周二至周日
10:00-18:0

Tuesday to Sunda

Fu Tian

福田城市案内

祝福された豊かな田野
北京、上海、広州とならぶ都市深圳の
心臓部とも言える福田の姿

福田／福田★★★
⑪ fú tián ⑯ fuk¹ tin⁴
ふくだ／フウティエン／フッティン

　羅湖区、福田区、南山区と東西に続く深圳市街部のちょうど中央に位置する福田（福田中心区、福田CBD）。1979年に経済特区の設置が決まり、急速に発展した深圳では、当初予定されていた市街地の羅湖はすぐに開発されてしまったため、約10年後の1990年に新都心の福田CBDが計画された。福田という地名の由来は、「湖山拥福、田地生輝（湖山に祝福され、田地が輝く）」からとも、「徳福于田（田んぼに恵まれる）」からとられたともいう。これらの言葉は、いずれも南宋光宗の1192年以来、この地が開拓され、荒れ地が田んぼに変わったことに由来し、上沙村と福田村、上歩村などの集落が中心となっていた。そして、長らく深圳河ほとりの農業や漁業をなりわいとする農村地帯であった福田も、1990年から福田区となり、20世紀末から急速に発展をはじめた（上歩村がのちに福田発展はじまりの地、華強北路となった。上歩村の「歩」とは埠頭を意味する埠、埗に通じ、深圳河の500m北＝「上」にあったことに由来する）。2004年に福田中央商務区（CBD）ができると、深圳の中心は羅湖から福田に遷り、行政、金融、文化の中枢機能が集積した。この福田の街区は、蓮花山を背後（北側）に、政府、市民中心、広場、ビジネス街区、そして前方（南側）に深圳河の流れる中華の中軸線と

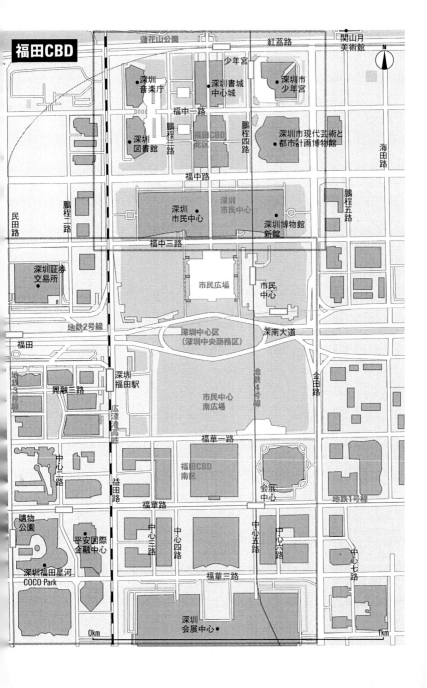

福田CBD

蓮花山公園　　　紅荔路　　　関山月美術館

N

少年宮

●深圳音楽庁　●深圳書城中心城　●深圳市少年宮

福中一路

鵬程三路　福田CBD花区　鵬程四路　●深圳市現代芸術と都市計画博物館　海田路

●深圳図書館

福中路

深圳市民中心●　深圳市民中心　●深圳博物館新館　鵬程五路

鵬程二路

民田路

福中三路

深圳証券交易所●

市民広場　市民中心

地鉄2号線

深南大道　金田路

福田

深圳中心区（深圳中央商務区）

地鉄3号線

興融三路　深圳福田駅

市民中心南広場　地鉄4号線

広深港高鉄

福華一路

福田CBD南区

会展中心

中心一路　益田路

福華路

地鉄1号線

購物公園

平安国際金融中心●　中心三路　中心四路　中心五路　中心六路　中心七路

●深圳福田星河COCO Park

福華三路

深圳会展中心●

0km　　　　　　　　　　　　　　　1km

★★★

福田／福田 フッティエン／フッティン

深圳市民中心／深圳市民中心 シェンチェンシイミンチョオンシン／サアムザァンシイマンジョオンサアム

羅湖／罗湖 ルゥオフウ／ロォウゥ

東門老街／东门老街 ドンメェンラァオジィエ／ドォンムゥンロォウガアイ

★★☆

深圳中心区（深圳中央商務区）／深圳中心区（深圳中央商务区） シェンチェンチョオンシンチュウ（シェンチェンチョオンヤアンシャアンウウチュウ）／サアムザァンチョオンヤアンサアンモォウコォイ）

平安国際金融中心／平安国际金融中心 ピインアァングゥオジイジィンロンチョオンシン／ペェンオォングゥオッジャアイガアムユゥンジョオンサアム

華僑城／华侨城 ファチャオチャン／ワァキゥウセェン

錦繍中華／锦绣中华 ジンシゥウチョンファ／ガアムサゥウジョオンワァ

華強北商業区（華強北路）／华强北商业区 フゥアチィアンベェイシャンイィエチゥウ／ワァカアンバァアッサァンイッコォイ

★☆☆

深圳博物館新館／深圳博物馆新馆 シェンチェンボオウゥグゥアンシィングゥアン／サアムザァンボッマッグゥンサァングゥン

深圳図書館／深圳图书馆 シェンチェントゥウシュウグゥアン／サアムザァントォウシュウグゥン

深圳音楽庁／深圳音乐厅 シェンチェンイィンユゥエティン／サアムザァンヤアムゴッテン

深圳書城中心城／深圳书城中心城 シェンチェンシゥウチャアンチョオンシンチャアン／サアムザァンシュウセェンジョオンサアムセェン

深圳市現代芸術と都市計画博物館（両館）／深圳市当代艺术与城市规划馆（两馆） シェンチェンシイダアンダアイイイシゥウユウチャアンシイグゥイフゥアグゥアン（リィアングゥアン）／サアムザァンシイドォンドォインガァイセッユウセェンシイクワイフワアグゥン（ロォゥングゥン）

深圳市少年宮／深圳市少年宫（深圳市少儿科技馆） シェンチェンシイシャアオニィエンゴン／サアムザァンシイシィウニィングゥン

深圳福田駅（福田高鉄駅）／福田高铁站 フゥティエンガァオティエチャァン／フゥティンゴォウテイッジャアム

深圳証券取引所／深圳证券交易所 シェンチェンチェンチゥウアンジィアオイイスゥオ／サアムザァンジィンヒュウンガアウイッソォ

深圳福田星河COCO Park／深圳福田星河COCO Park シェンチェンフゥティエンシィンハアコオコオパーク／サアムザァンフゥティンシインホォココパーク

深圳会展中心／深圳会展中心 シェンチェンフゥイチャアンチョオンシン／サアムザァンウイジィンジョオンサアン

蓮花山公園／莲花山公园 リィアンフゥアシャンゴオンユゥエン／リィンファアサアンゴォンユゥン

深業上城／深业上城 シェンイィエシャアンチャアン／サアムイッソォンセェン

福田口岸／福田口岸 フゥティエンコォウファン／フゥティンハアウンゴォン

皇崗口岸／皇岗口岸 フゥアンガアンコォウファン／ウォンゴォンハアウンゴォン

皇崗村／皇岗村 フゥアンガアンツゥン／ウォンゴォンチゥウン

水園村美食街／水围村美食街 シゥウウェイツゥンメイシィジィエ／ソォイワァイチゥンメイシイッガアイ

崗厦村／岗厦村 ガアンシャアツゥン／ゴォンハアチゥン

福田村／福田村 フゥティエンツゥン／フゥティンチゥン

深圳河／深圳河 シェンチェンハァ／サアムザァンホォ

羅湖駅（深圳駅）／罗湖站 ルゥオフウチャン／ロォウゥジャアム

深南大道／深南大道 シェンナァンダアダァオ／サアムナアムダアイドォウ

深圳中心公園／深圳中心公园 シェンチェンチョオンシンゴオンユゥエン／サアムザァンジョオンサアムゴォンユゥン

関山月美術館／关山月美术馆 グゥアンシャアンユゥエメイシゥウグゥアン／グゥアンサアンユッメイセエッグゥン

石厦村／石厦村 シイシャアツゥン／セエッハァチゥン

香蜜湖／香蜜湖 シィアンミイフウ／ホェンマッウゥ

世界之窓／世界之窗 シィジエチィチゥウアン／サァイガアイジイチゥウアン

風水をもとにつくられている。福田の開発にあわせるように、1989年に24時間体制の皇崗口岸、2007年に福田口岸が開通して香港と結ばれ、東鉄線の落馬洲駅から香港市街へと路線が伸びている。蓮花山から皇崗口岸、福田口岸へ続く南北の軸線、羅湖区、福田区、南山区といった深圳市街を結ぶ東西の深南大道がちょうど福田CBDで交差し、現在では香港九龍と広州とを、わずかの時間で往来する広深港高鉄の深圳駅が福田におかれている。21世紀に入ってからの深圳と香港の一体化とともに、マカオや珠江デルタもあわせた粤港澳大湾区の心臓部の役割を、福田は期待されている。

「深圳誕生」以前の福田

　中国文明は華北の黄河中流域に生まれたが、歴史上、北方の異民族の侵入をたびたび受け、漢民族の一部は、南へ、南へと、遷ったことで漢文化も南遷した。嶺南では、南遷の時代や経由した経路、原住民との融合度で、広府人(広州人)、客家人、潮州人などが生まれた。20世紀末の改革開放以前、深圳には大きく西部に広府人、東部に客家人が分布していて、そのなかの福田には15の集落があり、黄、莫、荘、簡、欧、鄭といった氏族が暮らしていた。このうち、深圳福田にもっとも早く入ったのが、湖北を原籍とする黄黙堂(1188～1248年)で、南宋(1127～1279年)時代以来、黄氏の子孫たちは下沙村、上沙村と福田村などに暮らしている。続いて明の洪武年間(1368～98年)に荘氏が福建をへて杭州から深圳に入り、皇崗でおいしい湧き水(井戸)を見つけ、周囲を壁で囲んで集落を築いた。これが水囲村のはじまりで、荘氏は農業のほか深圳河での漁や塩干を営んでいた。福田という地名の由来は、宋代の「湖山拥福、田地生輝(湖山に祝福され、田地が輝く)」や「徳福于田(田んぼに恵まれる)」からとられているといい、また清代康熙年間(1661～1722年)、深圳河碼頭(埠、歩)の500m北側(上)に上歩村があって、この上歩村(華強北路)が羅湖に代わる新市街(福

深圳中心区（深圳中央商務区）の摩天楼

深圳福田中央商務区のど真んなかに立つ深圳市民中心

屋根の存在感と建築の迫力に圧倒される

この地方で発掘された品がならぶ、深圳博物館新館

田)の第一歩となった。1982年には羅湖の管轄にあった上歩村に、1983年、上歩事務所ができて、「世界の工場」深圳を象徴する電子街華強北路の発展がはじまり、この華強北路をふくむ福田区が1990年に設立され、市街地は上歩村(華強北路)のさらに西側の蓮花山南におかれた。

福田の構成

　福田は、香港に隣接して東西に続く深圳市街(羅湖区、福田区、南山区)のちょうど中央に位置する。「蓮花山」を背後に、「深圳河」を前方にもつ風水をもとに街が築かれ、市街南北を中軸線がつらぬく中華の伝統的な都市構造をもつ。この中軸線南端に香港との「福田口岸」と「皇崗口岸」があって、香港と深圳を結ぶ大動脈となっているほか、近くには明代からの歴史をもつ皇崗村、水圍村が残る。この南北の中軸線に対して、紅茘路、深南大道、濱河大道といった東西の道路が東の羅湖と西の南山を結び、十字に軸線が交わる深圳の中心に「市民中心」が立つ(福田CBDの東西の通りは福中路、福華路というように「福」が頭につき、南北の通りは金田路、益田路、民田路というように二文字目に「田」がつく)。市民中心はこの街の象徴となっているほか、市民中心の北側に「深圳図書館」「深圳音楽庁」「深圳市現代芸術と都市計画博物館」「深圳市少年宮」などの大型文化施設が集まる。一方、市民中心の南側には高層ビルが林立し、「平安国際金融中心」「深圳会展中心」をはじめとするビジネス拠点となっている。これが福田CBD(中央商務区)で、香港西九龍とわずかの時間で結ばれた高鉄の深圳福田駅も位置する。

より高く、天に向かって

　現在、高層建築が立ちならび、摩天楼(スカイスクレイパー)の広がる深圳も、1979年に改革開放がはじまる以前は、農村が

点在するばかりでほとんど何もなかった。1980年、深圳羅湖に当時の中国でもっとも高い53階建て、高さ160mの「国貿大厦」が建てられ、3日に1階のペースで最上階まで上昇させていくスピードは深圳速度の代名詞とされた。開発は羅湖から蔡屋囲に遷り、香港返還を前にした1996年、69階建て、高さ383.95mの「地王大厦」が完成し、この街のランドマークとなった。やがて2011年、地王大厦のすぐそばに100階建て、高さ441.8mの「京基100」も姿を現した。このように1980年代から1990年代は羅湖が深圳の中心だったが、やがて開発する土地がなくなり、2000年代に入ると、福田に新市街が築かれ、2016年、天をつらぬくような地上118階、高さ592.5mの「平安国際金融中心」が建てられた。こうして羅湖、福田へと伝播してきた深圳の摩天楼は、さらに西の南山、また郊外の龍崗区に高さ700mにおよぶ超高層の「深港国際中心」が建てられるなど、広がりを見せている。

Zhong Xin Qu Bei
福田CBD北区城市案内

**深圳中央商務区の中心に立ち
羽ばたくような巨大屋根をもつ深圳市民中心
この北側のエリアが文化区となっている**

深圳中心区（深圳中央商務区）／深圳中心区（深圳中央商务区）★★☆
北 shēn zhèn zhōng xīn qū (shēn zhèn zhōng yāng shāng wù qū) 広 sam¹ jan² jung¹ sam¹ keui¹ (sam¹ jan² jung¹ yeung¹ seung¹ mou³ keui¹)
しんせんちゅうしんく（しんせんちゅうおうしょうむく）／シェンチェンチョオンシィンチュウ（シェンチェンチョオンヤアン
シャアンウウチュウ）／サアムザァンジョオンサアムコイ（サアムザァンジョオンヤアンサアンモォウコイ）

　官公庁やビジネス拠点、文化施設の集まる CBD（Central Business District）として深圳を牽引する福田の深圳中心区（深圳中央商務区）。歴史的に深圳の行政府は、南山区の南頭古城にあったが、1953年に九広鉄路の走る羅湖に深圳の中央商務区（CBD）は遷された。深圳の急速な発展もあって、1986年に福田中心区の構想が決まり、1990年に福田区が設立された。それとともに深圳の行政、金融や経済の中枢機能も福田におかれ、福田南部の皇崗口岸（24時間体制の通関で1989年開業）、福田口岸（2007年開業）を通じた香港との一体化も進んだ。そして2018年には広深港高鉄が開通し、深圳中心区（福田）と香港の距離は一気に縮まった。現在、この深圳中心区（深圳中央商務区）の北側に文化施設、南側に深圳証券交易所、中国太平保険集団、深圳建行大楼、招商銀行深圳分行大厦などのビジネス拠点が配置され、深圳中心区（深圳中央商務区）は金融と商業の中心地という地位を固めている。

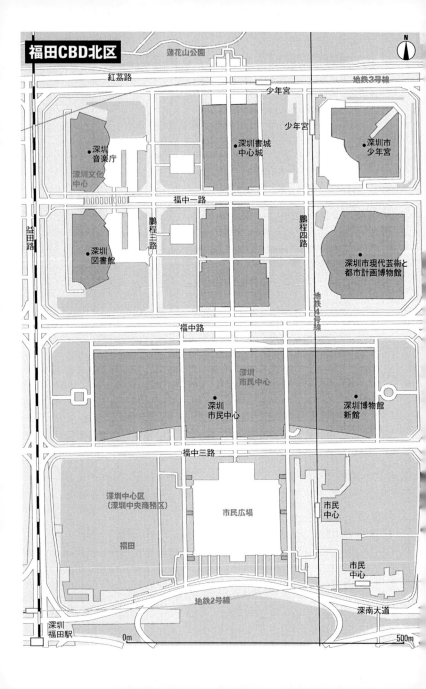

深圳市民中心／深圳市民中心 ★★★

🔵 shēn zhèn shì mín zhōng xīn　🔵 sam¹ jan² si, man⁴ jung¹ sam¹

しんせんしみんちゅうしん／シェンチェンシイミィンチョオンシィン／サアムザァンシイマンジョオンサアム

　蓮花山を背後に、香港新界(口岸)へと伸びる深圳南北の中軸線、羅湖から南山へと続く東西の軸線が交わる、この街の中心に立つ深圳市民中心。深圳のシンボルとも言え、大きな兜のような巨大な屋根は、伝説上の鳥「鵬」の羽ばたき「大鵬展翅」をモチーフとし、それは「鵬城」の愛称をもつ深圳が、世界へ羽ばたくイメージと重ねられている(明代以来、深圳東郊外にあった大鵬所城からとられている)。屋根は盛りあがった中央部とその左右の大きく3つの部分にわかれていて、長さ486m、地上から中央下弦部までは64.089mの高さとなっている。この巨大な屋根を支える赤と黄色の巨大な柱の構造物は、中国の国旗(赤)と国旗に記された星(黄)をモチーフとし、「柱(中国)」に支えられて「鵬(深圳)」が羽ばたくという意図がこめられている。アメリカのリー・ティムチュラ建築事務所によって設計された深圳市民中心は、2004年5月31日に開業し、政府機関、博物館、展示会、観光などのさまざまな

★★★
福田／福田 フウティエン／フッティン

深圳市民中心／深圳市民中心 シェンチェンシイミィンチョオンシィン／サアムザァンシイマンジョオンサアム

★★☆

深圳中心区 (深圳中央商務区)／深圳中心区 (深圳中央商务区)　シェンチェンチョオンシンチュウ(シェンチェンチョオンヤアンシャアンウウチュウ)／サアムザァンジョオンシィドォンドォインガイセッシュウセェンシイクワイワフ アグウン(ロォングウン)

深圳博物館新館／深圳博物馆新馆 シェンチェンボオウウグウアンシィングウァン／サアムザァンボッマッグウンサァングウン

深圳図書館／深圳图书馆 シェンチェントウシュウグウァン／サアムザァントウシュウグウン

深圳音楽庁／深圳音乐厅 シェンチェンインユウティン／サアムザァンヤアムゴッテン

深圳書城中心城／深圳书城中心城 シェンチェンシュウチャアンチョオンシンチャアン／サアムザァンシュウセェンジョオンサアムセェン

深圳市現代芸術と都市計画博物館 (両館)／深圳市当代艺术与城市规划馆 (两馆)　シェンチェンシイダアンダアイイイシュウユウチャアンシイグウイフウアグウアン(リィアングウァン)／サアムザァンシイドォンドォインガイセッシュウセェンシイクワイワフアグウン(ロォングウン)

深圳市少年宮／深圳市少年宫 (深圳市少儿科技馆)　シェンチェンシイシャアオニィエンゴオン／サアムザァンシイシィウニィングウン

深圳福田駅 (福田高鉄駅)／福田高铁站 フウティエンガァオティエチャアン／フッティンゴオウティイジャアム

蓮花山公園／莲花山公园 リィエンフウァシャンゴオンユウエン／リィンファアサアンゴオンユゥン

深南大道／深南大道 シェンナァンダアダァオ／サアムナアムダアイドゥ

機能を備え、西側が政府機能、東側が博物館となっている。市民中心の前は広大な市民広場となっていて、ちょうど北京の故宮と天安門広場の関係をもち、深圳市民の憩いの場となっている。深圳市民中心の前方東西、益田路と金田路にそって超高層ビル群がならんでいて、反対の深圳市民中心背後には深圳音楽庁と図書館をあわせた深圳文化中心、深圳市現代芸術と都市計画博物館、深圳市少年宮が集まっている。

深圳博物館新館／深圳博物館新馆 ★☆☆
北 shēn zhèn bó wù guǎn xīn guǎn　広 sam¹ jan² bok² mat³ gún san¹ gún
しんせんはくぶつかんしんかん／シェンチェンボオウグゥアンシィングゥアン／サアムザァンボッマッグゥンサァングゥン

　深圳博物館新館は、1980年に設立された深圳博物館の流れをくみ、2008年にここ深圳市民中心の東の一角で開館した。市内にいくつかある深圳博物館のうち、ここ新館は歴史・民俗博物館となっていて、「古代深圳」「近代深圳」「深圳改革開放史」「深圳民俗文化」をテーマとした展示が見られる。明清以前からあった大鵬古城や南頭古城からの出土品、その他の文物や美術品の展示、また農耕や漁業を行なう人びと、「海の守り神」天后に祈る人びとなどの人形やミニチュアがあり、この地域の歴史や民俗を知ることができる。

深圳図書館／深圳图书馆 ★☆☆
北 shēn zhèn tú shū guǎn　広 sam¹ jan² tou⁴ syu¹ gún
しんせんとしょかん／シェンチェントゥシュウグゥアン／サアムザァントウシュウグゥウン

　深圳市民中心の北西側に立ち、深圳音楽庁とともに金樹大堂、銀樹大堂という双子状の「文化の森（深圳文化中心）」を形成する深圳図書館。市各地の図書館をネットワークで結ぶ「図書館之城」の中核的存在となっていて、中国文学、台湾文学、香港・マカオ文学はじめ、各ジャンルの書物をそろえている。幾何学的にくみあわされたガラスの壁面から自然の光が入る設計は、日本人建築家、磯崎新によるもの。

深圳市民中心の前は広場になっている

深圳図書館と深圳音楽庁が双子のように立つ

街区、建築、すべての規格が大きい

深圳音楽庁／深圳音乐厅 ★☆☆

(北) shēn zhèn yīn yuè tīng　(広) sam¹ jan² yam¹ ngok³ teng¹
しんせんおんがくちょう／シェンチェンインユウティン／サアムザァンヤァムンゴッチェン

　国内外の有名な音楽家、オーケストラによる演奏、演劇などが催されるコンサートホールの深圳音楽庁。1700人を収容し、巨大なパイプオルガンが設置された大ホール、400人を収容する小ホールからなる。ガラス張りの壁面をもつ設計は、南側の深圳図書館とともに日本人建築家磯崎新によるもので、両者で深圳文化中心を構成する(金樹、銀樹をテーマとした文化森林)。2007年に開庁した。

深圳書城中心城／深圳书城中心城 ★☆☆

(北) shēn zhèn shū chéng zhōng xīn chéng　(広) sam¹ jan² syu¹ sing⁴ jung¹ sam¹ sing⁴
しんせんしょじょうちゅうしんじょう／シェンチェンシュウチァンチョンシンチァン／サアムザァンシュウセンジョオンサアムセン

　深圳市民中心の北側に位置する、中国最大規模の書店の深圳書城中心城(Shenzhen Book City)。書籍や雑誌はじめ、幅広い商品をあつかうこの書店は、福田CBDの開発が進む2006年に開店した。深圳出版集団が運営し、近くに位置する図書館とともに深圳の文化発展に貢献してきた。

深圳市現代芸術と都市計画博物館(両館)／深圳市当代艺术与城市规划馆（两馆）★☆☆

(北) shēn zhèn shì dāng dài yì shù yǔ chéng shì guī huà guǎn (liǎng guǎn)　(広) sam¹ jan² si, dong² doi³ ngai³ seut³ yu, sing⁴ si, kwai¹ wa¹ gún (leung, gún)
しんせんしげんだいげいじゅつととしけいかくはくぶつかん(りょうかん)／シェンチェンシイダアンダアイイイシュウユウチャアンシイグウイフゥアグウアン(リィアングゥアン)／サアムザァンシイドォンドオインガァイセッユウセェンシイクワイワアグウン(ロォングゥン)

　深圳市現代芸術(MOCA)と都市計画博物館(MOUP)のふたつの館があわさっていることから「両館」の愛称でも知られる深圳市現代芸術と都市計画博物館。大庁、多功能庁、礼堂、会議室などからなるこの博物館は2017年に開館し、現代美術や都市文化の収集と展示が行なわれている。わずか40年で世界的都市に成長した深圳の姿を象徴的に表現した「雕

塑四十年」をはじめとした美術品、また傾斜、ねじれ、回転などの斬新な形状をもつデザイン、すぐれた鉄骨構造の建築は、深圳の新たな文化的ランドマークとなっている。高さ40m、地上5階、地下1階のうち、4、5階部分は深圳改革開放展覧館として2018年に開館していて、改革開放のはじまった1978年からの深圳の歩みが模型や写真で展示されている。

深圳市少年宮／深圳市少年宮 (深圳市少儿科技馆) ★☆☆
🄪 shēn zhèn shì shào nián gōng 🄪 sam¹ jan² si, siu² nin⁴ gung¹
しんせんししょうねんきゅう／シェンチェンシイシャアオニィエンゴオン／サアムザァンシイシィウニィングウン

深圳図書館、深圳音楽庁、深圳市現代芸術と都市計画博物館(両館)がならぶ市民中心北側の文化区の一角に立つ深圳市少年宮。少年宮は、中国の小学生や中学生が遊戯、芸術、科学技術、体育、図書といった課外活動を行なう場所で、多くの人材やエリートを生み出してきた。深圳市少年宮は2001年に開館し、とくに科学教育に力を入れていることを特徴とする。外は球形、内部はふきぬけの空間となっている水晶石大庁はじめ、音楽庁や芸術展庁などを併設する。

人とくらべると建築の巨大さがよくわかる

Zhong Xin Qu Nan
福田CBD南区城市案内

**深圳市民中心の南側に広がる商務区
壮大な都市計画とともに
摩天楼を描く超高層ビル群が見える**

深圳福田駅(福田高鉄駅)／福田高铁站★☆☆
🅟 fú tián gāo tiě zhàn 🅖 fuk¹ tin⁴ gou¹ tit² jaam³
しんせんふくだえき(ふくだこうてつえき)／フウティエンガァオティエチァアン／フッティンゴオウテイッジァアム

香港と深圳、東莞、広州といった珠江デルタの各都市を結ぶ広深港高鉄の深圳福田駅(福田高鉄駅)。高速鉄道の広深港高鉄は2018年に営業を開始し、香港西九龍と深圳福田までをわずか14分、広州南駅までを47分で結ぶ。全長142kmの路線は、中国本土側116km、香港側26kmで、香港西九龍、深圳福田、深圳北駅、東莞虎門、広州南駅へと続く。福田中心部に位置する深圳福田駅は、中国ではじめて地下に造営された鉄道駅でもあり、高速鉄道、地下鉄、バス、タクシーの集まる深圳の交通ハブとなっている。この広深港高鉄の深圳福田駅の開業は、香港と広州を結ぶ九広鉄路の途中駅であった羅湖(深圳)の機能や重心が、より福田へと遷ることも意味した。

深圳証券取引所／深圳证券交易所★☆☆
🅟 shēn zhèn zhèng quàn jiāo yì suǒ 🅖 sam¹ jan² jing² hyun² gaau¹ yik³ só
しんせんしょうけんとりひきしょ／シェンチェンチェンチュウアンジィアオイイスゥオ／サアムザァンジィンヒュウンガアウイイッソオ

福田CBDの中心にそびえる、高さ254m、46階建ての深圳証券取引所(SZSE)。1978年からの改革開放の流れを受けて、資本主義の要素が導入されたことで、中国人の個人所得が

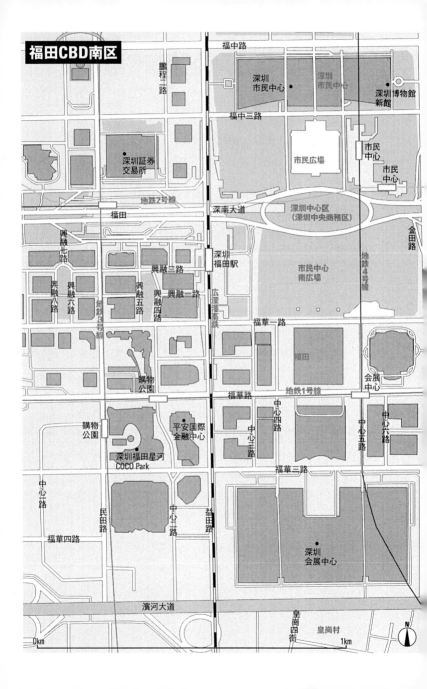

増大し、1990年に上海と深圳で証券取引所が開かれた(1949年の中華人民共和国成立後、証券取引所は閉鎖され、中国共産党指導のもと計画経済が進められていた)。証券の売買や手配、上場の審査を行ない、この街の金融機能の中核をになっている。当初は、羅湖蔡屋圍にあったが、21世紀以降の福田CBDの発展にあわせて新たにこちらに深圳証券取引所が建てられた。北京のCCTVを手がけたOMAによる設計で、四方に突き出した空中(高さ36m)に浮かぶ基壇に証券取引所の機能があり、そこから上空へ伸びる上層階はオフィスとなっている。

平安国際金融中心／平安国際金融中心★★☆

㊚ píng ān guó jì jīn róng zhōng xīn ㊎ ping⁴ on¹ gwok² jai² gam¹ yung¹ jung¹ sam¹

へいあんこくさいきんゆうちゅうしん／ピンアァングゥオジイジィンロンチョオンシン／ペェンオォングゥオッジャアイガアムユゥンジョオンサアム

　深圳福田CBDに摩天楼を描く高層ビル群のなかでも一際高くそびえる高さ592.5mの平安国際金融中心。平安保険集団(中国平安)は1988年、深圳蛇口で生まれた中国で最初の保険会社であり、保険、銀行、投資の三大業務を中心に事業を展開し、深圳の発展とともに急速に売上を拡大させてきた(わずかの期間で世界的な企業へと成長した)。地上118階、地下5

階からなるこの平安国際金融中心はオフィス、商業、会議、観光、貿易などの機能をもち、2016年に完成して以来、深圳のランドマークとなっている。高さ547.6mの116階部分に深圳一帯を見渡すことのできる平安雲際展望フロアがあり、地王大厦、京基100、深圳湾や前海湾の光景が視界に入る。ビジネス拠点、観光、科学教育などいくつもの性格をかねそなえ、平安国際金融中心の周囲にも高層ビルが林立している。

深圳福田星河COCO Park／深圳福田星河COCO Park★☆☆
🄟 shēn zhèn fú tián xīng hé COCO Park 🄔 sam¹ jan² fuk¹ tìn¹ sìng¹ ho⁴ COCO Park
しんせんふくだせいかここぱーく／シェンチェンフウティエンシンハアコオコオパーク／サアムザァンフッティンシインホォココパーク

　深圳を代表する大型ショッピングモールの深圳福田星河
COCO Park。内部は複雑な構造をもち、レジャー、ショッピング、グルメ、エンターテイメントなど、各テーマごとの12
のストリート、自然光のさす8つの庭園をそなえる。洗練された著名ブランドが入居するほか、広東料理をはじめ世界各国の料理も食べられる。福田の本格的な発展にあわせて
2006年9月30日に開業し、福田CBDの中心部に位置する。

深圳会展中心／深圳会展中心★☆☆
🄟 shēn zhèn huì zhǎn zhōng xīn 🄔 sam¹ jan² wui³ jín jung¹ sam¹
しんせんかいてんちゅうしん／シェンチェンフウイチャアンチョオンシン／サアムザァンウイジィンジョオンサアン

　深圳市政府、深圳市民中心などが集まり、南北に走る福田の軸線上に位置するコンベンション・センターの深圳会展中心。国際会議がここで行なわれるほか、各国の企業が新商品を発表する交易会などの展示会が開催される。東西
540m、南北282mの敷地の1階部分に、9つの展示ホールが
「コ」の字型に配置され、最大の会場は3000人を収容する（高さ60mで、地上6階、地下3階）。1階のガラスのカーテンウォールは夜になると光り、その美しさから「水晶宮」とたたえられる。2004年に開業した。

地下に整備された、広深港高鉄の深圳福田駅

左側、黒い外面をもつ深圳証券取引所

平安国際金融中心、116階に雲際展望台がある

現代美術やアート作品、人びとの嗜好も変化していった

Lian Hua Shan Shang Mei Lin

蓮花山上梅林城市案内

川を前方に、山を背後とする都市の風水
蓮花山は深圳河とともに
福田中央商務区の繁栄を見守ってきた

蓮花山公園／莲花山公园★☆☆

北 lián huā shān gōng yuán　広 lin⁴ fa¹ saan¹ gung¹ yun⁴
れんかさんこうえん／リィアンフゥアシャンゴォンユゥエン／リィンファアサアンゴォンユゥン

　街の北側から深圳中心区（福田CBD）を守るようにそびえる標高532mの蓮花山公園。中国では風水の考えから、山を背後にしてその前面に街を築く伝統があり、福田CBDもこの蓮花山の南側に展開する（北京の故宮が、景山の南にあるのと同様の構造をもつ）。蓮花山公園の「山頂広場」からは福田の中心街を見渡すことができ、改革開放を進めた鄧小平（1904～97年）の銅像も立つ。また丘の南側にはたこ揚げに格好の広大な芝生の広がる「風箏広場」があり、亜熱帯の植生が見られる「雨林溪谷」、花が咲き蝶の舞う湖ほとりの景勝地「暁風漾日」などが点在する。1997年に対外開放されたこの蓮花山公園の、「蓮山春早」は深圳八景のひとつにあげられる。

小平同志塑像／小平同志塑像★☆☆

北 xiǎo píng tóng zhì sù xiàng　広 síu ping⁴ tung⁴ ji² sou² jeung³
しょうへいどうしそぞう／シィアオピィントォンチイスウシィアン／シィウペェントォンジイソォウジョオン

　鄧小平（1904～97年）が悠然と歩む姿を彫刻した小平同志塑像。銅像の高さは6m、台座は3.68m、重さは7トンになる。1978年、中国共産党の実権を掌握した鄧小平は、「先に豊かになれる者からなれ」と唱え、改革開放路線を指導した。香

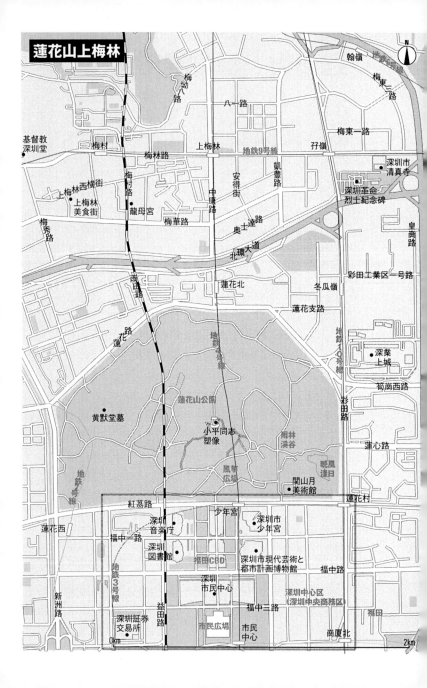

港、台湾、日本などの資本や技術、人材が深圳に呼びこまれ、工業や商業の開発が進んだ。1992年の春節、88歳になった鄧小平は、深圳を訪れ、経済発展を加速させるように呼びかける「南巡講話」を発表し、これが現在の深圳の繁栄を決定づけた。蓮花山公園の山頂に立つ小平同志塑像は、2000年、深圳20周年と福田の開発にあわせてつくられ、あたりは山頂広場として整備されている。

黄黙堂墓／黄默堂墓★☆☆

⓱ huáng mò táng mù　⓰ wong⁴ mak³ tong⁴ mou³
こうもくどうぼ／フゥアンモオタァンムウ／ウォンマットォンモウ

蓮花山北西の丘陵で1990年に発見された、深圳福田の最初の開拓者が眠る黄黙堂墓。黄黙堂(1188〜1248年)は湖北に原籍をもち、宋代、ほとんど人の住んでいなかった深圳福田

***

福田／福田 フウティエン／フッティン
深圳市民中心／深圳市民中心 シェンチェンシイミィンチョオンシン／サアムザァンシイマンジョオンサアム

★★☆

深圳中心区 (深圳中央商務区)／深圳中心区 (深圳中央商务区) シェンチェンチョオンシンチュウ(シェンチェンチョオンヤアンシャアンウウチュウ)／サアムザァンジョオンサアムコイ(サアムザァンジョオンヤアンサアンモォウコイ)

★☆☆

蓮花山公園／莲花山公园 リィアンフゥアシャンゴォンユゥエン／リィンファアサアンゴォンユゥン
小平同志塑像／小平同志塑像 シィアオピィントォンチイスウシィアン／シィウペェントォンジイソウジョオン
黄黙堂墓／黄默堂墓 フゥアンモォオタァンムウ／ウォンマットォンモウ
関山月美術館／关山月美术馆 グゥアンシャアンユゥエメイシュウグゥアン／グゥアンサアンユッメイセエグッウン
深業上城／深业上城 シェンイィエシャアンチァアン／サアムイィッソォンセェン
深圳革命烈士紀念碑／深圳革命烈士纪念碑 シェンチェンガアミィンリィエシィイジイニィエンベイ／サアムザァンガアッミィンリィッシィゲエニィムベェイ
深圳市清真寺／深圳市清真寺 シェンチェンシイチィンチェンスウ／サアムザァンシイチィンジャアンジィ
龍母宮／龙母宫 ロォンムウゴォン／ロォンモォウゴォン
上梅林美食街／上梅林美食街 シャアンメェイリィンメェイシイジィエ／ソォンムイラァムメェイシイッガアイ
基督教深圳堂／基督教深圳堂 ジイドゥウジィアオシェンチェンタァン／ゲエイドォッガアウサアムザァントォン
深圳図書館／深圳图书馆 シェンチェントゥウシュウグゥアン／サアムザァントォウシュウグゥン
深圳音楽庁／深圳音乐厅 シェンチェンイィンユゥエティン／サアムザァンヤァムゴッテェン
深圳市現代芸術と都市計画博物館 (両館)／深圳市当代艺术与城市规划馆 (两馆) シェンチェンシイダアンダアイイィシュウユウチャンシイグゥイフゥアグゥアン(リィアングゥアン)／サアムザァンシイドォンドォインガァイセッウセェンシイクワイワアグゥウン(ロォングゥン)
深圳市少年宮／深圳市少年宫 (深圳市少儿科技馆) シェンチェンシイシャアオニィエンゴォン／サアムザァンシイシィウニィングゥウン
深圳証券取引所／深圳证券交易所 シェンチェンチェンチュウアンジィアオイイスゥオ／サアムザァンジィンヒュウンガアウイイッソオ

に移住して下沙村を開いた。そして、黄黙堂の子孫は下沙村から上梅林村、沙尾村、また香港へと広がっていった。黄黙堂墓は1248年に丘陵を利用してつくられ、幅3.6m、奥行2.9m、高さ2.3mの規模、南宋時代の特徴をよく伝える半円形の墓陵となっている。この黄黙堂墓の位置する蓮花山斜面はもともと鬱蒼としたジャングルが広がっていて、道もなく、来る人はほとんどおらず、ここに墓があることも忘れられていたという。

関山月美術館／关山月美术馆★☆☆
⑪ guān shān yuè měi shù guǎn ⑰ gwaan¹ saan¹ yut³ mei, seut³ gún
かんさんげつびじゅつかん／グゥアンシャンユゥエメイシュゥグゥアン／グゥアンサアンユッメイセエッグゥン

　関山月(1912～2000年)の作品をはじめ、中国美術を収蔵、展示する関山月美術館。広東省出身の関山月は高剣父に学び、嶺南画派の画家として絵を描きながら、教育にも従事した。この蓮花山南麓に位置する関山月美術館は、香港返還直前の1997年6月25日に開館し、「人文関懐(関山月人物画作品)」「激情歳月(毛沢東の詩や革命聖地をテーマにした作品)」「建設新中国(1950～60年代中期の中国画)」といったテーマの作品が見られる。

深業上城／深业上城★☆☆
⑪ shēn yè shàng chéng ⑰ sam¹ yip³ seung³ sing⁴
しんぎょうじょうじょう／シェンイィエシャンチァアン／サアムイィッソォンセェン

　深圳福田CBDの北側、筆架山と蓮花山公園、中心公園に囲まれた立地にある深業上城(Upper Hills)。ショッピング、グルメ、オフィス、マンション、ホテルなどが一体となった街のなかの街で、文化、創造といった言葉とともに洗練された空間が広がっている。62階建て、高さ224.5mの2本の超高層タワーと低層の建築がくみあわさり、低層部の建築壁面は赤、橙、黄色などで彩られ、空の青さと美しいコントラストを描いている。

蓮花山公園の頂上に立つ小平同志塑像

深圳革命烈士紀念碑／深圳革命烈士纪念碑★☆☆

北 shēn zhèn gé mìng liè shì jì niàn bēi 広 sam¹ jan² gaak² ming³ lit³ si³ géi nim³ bei¹

しんせんかくめいれっしきねんひ／シェンチェンガアミンリィエシィイジイニィエンベイ／サアムザァンガアッミンリィッシィゲエイニィムベイ

　深圳は日中戦争(1937～45年)時代に農民や学生を中心にゲリラ戦を展開した東江縦隊の拠点であり、その志士の眠る深圳革命烈士紀念碑。宝安県革命烈士紀念碑を前身とし、当初は宝安県人民広場にあったが、1983年、深圳経済特区の都市開発計画にあわせて深圳市北環路のこの地(婆嶺)に遷すことが決まり、1987年に完成した。高さ27mで、東江隊列の隊長である曾生同志が書いた「革命烈士永垂不朽(革命烈士は不滅である)」という文言が刻まれている。

深圳市清真寺／深圳市清真寺★☆☆

北 shēn zhèn shì qīng zhēn sì 広 sam¹ jan² si, ching¹ jan¹ ji³

しんせんしせいしんじ／シェンチェンシイチンチェンスウ／サアムザァンシイチィンジャアンジィ

　巨大な緑色のドーム、白のミナレットをもち、壁面には幾何学文様が見られる深圳市清真寺。都市の建設にあわせて中国全土から人の集まってきた深圳には、イスラム教徒も多く暮らし、ここ深圳市清真寺では集団礼拝が行なわれている(豚肉を食べないことなど、宗教的な規律があることから、イスラム教徒は特定の地区に集まって暮らすことが多い)。1997年にこのモスクの設立が決まり、2004年に拡張されて現在の姿となった。

龍母宮／龙母宫★☆☆

北 lóng mǔ gōng 広 lung⁴ mou, gung¹

りゅうぼきゅう／ロォンムウゴオン／ロォンモォウゴオン

　上梅林に残り、深圳最古級の建築にあげられる龍母宮。龍母は愛と優しさ、力の象徴で、とくに珠江デルタで信仰を受けている。「南方部族の女性酋長が西江のほとりで巨大な卵を見つけ、そこから生まれた5匹の龍が洪水を沈めた」という神話が伝えられ、龍母崇拝は嶺南原住民の越族と南下した漢族が融合するなかで起こった。この龍母宮は幅7.42m、

奥行16mからなる三間二進のこぢんまりとした建築で、明(1368〜1644年)代に建設され、清代の乾隆年間(1735〜95年)に再建された。建物内部には龍母、左に義理の姉、右に龍太子という三尊像がまつられている。

上梅林美食街／上梅林美食街★☆☆
🈭 shàng méi lín měi shí jiē ／🈦 seung³ mui⁴ lam⁴ mei, sik³ gaai¹
じょうばいりんびしょくがい／シャアンメイリインメイシイジィエ／ソォンムイラァムメイシイッガアイ

蓮花山北側の上梅林村は、深圳の開発がはじまる前からある城中村で、現在は庶民的な料理店の集まる上梅林美食街として知られる。中国各地の料理を出す店がずらりと通りにならび、夕方になると多くの人がここ上梅林美食街に集まってくる。とくに炭火焼きの焼烤(焼き肉)が、上梅林村の名物として親しまれている。

基督教深圳堂／基督教深圳堂★☆☆
🈭 jī dū jiào shēn zhèn táng ／🈦 gei¹ duk¹ gaau² sam¹ jan² tong⁴
きりすときょうしんせんどう／ジイドゥウジィアオシェンチェンタァン／ゲエイドォッガアウサアムザァントォン

アヘン戦争後、深圳と香港新界のボーダー(当時の中国とイギリスの国境線)が確定した1898年に設立されたキリスト教会の基督教深圳堂。それはプロテスタント系の礼賢会による教会で、当時、イギリス領香港から中国への玄関口であった深圳墟(深圳羅湖)で布教が行なわれた。1949年に教会は羅湖近くの和平路に遷り、文革時期には宗教活動が禁じられていたが、改革開放後の1984年に基督教深圳堂は活動を再開させた。2001年、福田開発にあわせて現在の上梅林の地に拠点はおかれ、遠くない位置にある深圳市清真寺もあわせて都市の周縁部に信仰の場がもうけられた。ノアの箱舟をイメージした外観は、高さ28mになり、2000人が同時に礼拝できる。

洗練された空間が続く深業上城

深圳で食べた料理、中国各地の味を楽しめる

見通しのよい蓮花山の風筝広場

石厦城市案内

**深圳河にそって下沙村、上沙村、石厦村、皇崗村
といった城中村が点在し
現在、城中村は都市化の波を受けて開発も進む**

石厦村／石厦村★☆☆

北 shí shà cūn 広 sek³ ha³ chyun¹
せきかむら／シイシャアツゥン／セエッハァチュウン

明(1368～1644年)代より趙氏と潘氏を中心とした宗族の
暮らす城中村の石厦村。1979年の深圳の開発以前、石厦村
の人びとは漁労生活を送っていた(深圳湾に流れる深圳河では豊
富な魚介類がとれた)。福田口岸、皇崗口岸に近いこの地も20世
紀末から改革開放がはじまると市街地化し、「都市のなかの
村(城中村)」となった。趙、潘、陳、莫、張、李、龍、岑氏などが暮
らしていて、石厦村には古い廟や一族の祖先をまつる祠が
残っている。

石厦楊侯宮／石厦杨侯宫★☆☆

北 shí shà yáng hóu gōng 広 sek³ ha³ yeung⁴ hau⁴ gung¹
せきかようこうきゅう／シイシャアヤァンホオウゴォン／セエッハァヨンハウゴォン

北方の遼と戦った北宋(960～1127年)の将軍、楊延昭(楊六
郎)をまつる石厦楊侯宮。現在の建築は清代のもので、幅
8.9m、奥行14.8mの三間二進の建築となっている。平面は凹
字型となっていて、20度ほど南北線から傾いている。龍が
彫りこまれた柱など、創建当時の面影を伝えている。

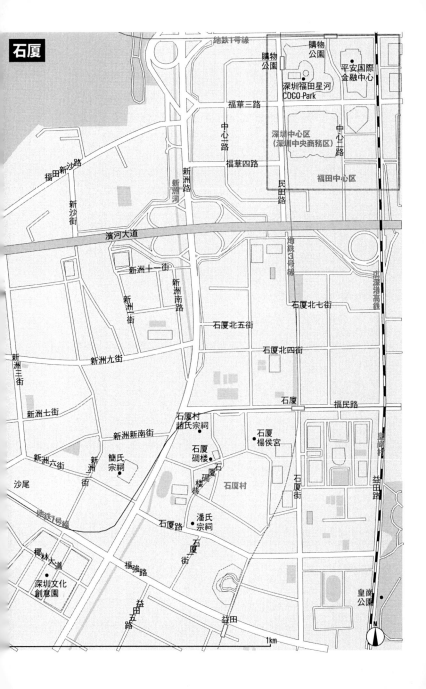

潘氏宗祠／潘氏宗祠 ★☆☆

🈁 pān shì zōng cí 🈁 pun¹ si³ jung¹ chi⁴

はんしそうし／パァンシィイゾォンツウ／プゥンシィジョオンチィ

　　清(1616〜1912年)代に創建された石厦村潘氏の共通の祖先をまつる潘氏宗祠。幅10.3m、奥行19.6m、門、前堂、正堂(以德堂)へと続く三間二進の建築で、建物の両端に回廊をそなえる。南北の軸線が13度傾いている。

★★★

福田／福田 フウティエン／フッティン

深圳市民中心／深圳市民中心 シェンチェンシイミンチョオンシイン／サアムザァンシイマンジョオンサアム

羅湖／罗湖 ルゥオフウ／ロォウゥ

東門老街／东门老街 ドォンメェンラァオジィエ／ドォンムゥンロォウガアイ

★★☆

深圳中心区 (深圳中央商務区)／深圳中心区〔深圳中央商务区〕 シェンチェンチョオンシインチュウ(シェンチェンチョオンヤアンシャアンウゥチュウ)／サアムザァンジョオンサアムコォイ(サアムザァンジョオンヤアンサアンモォウコォイ)

平安国際金融中心／平安国际金融中心 ピィンアァングゥオジィジィンロォンチョオンシィン／ペェンオォングゥオッジャアイガアムユゥンジョオンサアム

華僑城／华侨城 ファチャオチャン／ワァキィウセェン

錦繍中華／锦绣中华 ジンシゥチョオンファ／ガアムサァウジョオンワァ

華強北商業区 (華強北路)／华强北商业区〔华强北路〕 フゥアチィアンベェイシャンイィエチュウ／ワァカアンバパァッサァンイッコォイ

★☆☆

石厦村／石厦村 シイシャアツゥン／セエッハアチュウン

石厦楊侯宮／石厦杨侯宫 シイイシャアヤアンホォウゴォン／セエッハアヨォンハウゴォン

潘氏宗祠／潘氏宗祠 パァンシィイゾォンツウ／プゥンシィジョオンチィ

簡氏宗祠／简氏宗祠 ジィエンシイイゾォンツウ／ガアンシィジョオンチィ

石厦趙氏宗祠／石厦赵氏宗祠 シイシャアチャオシイゾォンツウ／セエッハアジィウシィジョオンチィ

石厦碉楼／石厦碉楼 シイイシャアディアオロォウ／セエッハアディウラァウ

深圳文化創意園／深圳文化创意园 シェンチェンウェンフゥアチゥアンアンイイユゥエン／サアムザァンマァンファアチョオンイイユゥン

深圳福田駅 (福田高鉄駅)／福田高铁站 フゥティエンガアオティエチャアン／フッティンゴォウテイッジャアム

深圳会展中心／深圳会展中心 シェンチェンフゥイチャアンチョオンシィン／サアムザァンウイジィンジョオンサアン

蓮花山公園／莲花山公园 リィアンフゥアシャンゴォンユゥエン／リィンフゥアサァンゴォンユゥン

深業上城／深业上城 シェンイイエシャアンチャアン／サアムイッソォンセェン

福田口岸／福田口岸 フゥティエンコォウアァン／フッティンハアウガアン

皇崗口岸／皇岗口岸 フゥアンガアンコォウアァン／ウォンゴォンハアウゴォン

皇崗村／皇岗村 フゥアンガアンツゥン／ウォンゴォンチュウン

皇崗公園／皇岗公园 フゥアンガアンゴォンユゥエン／ウォンゴォンゴォンユゥン

水圍村美食街／水围村美食街 シュゥイウェイツゥンメイシイジィエ／ソォイワァイチュウンメイシイッガアイ

崗厦村／岗厦村 ガアンシャアツゥン／ゴォンハアチュウン

福田村／福田村 フゥティエンツゥン／フッティンチュウン

深圳河／深圳河 シェンチェンハァ／サアムザァンホォ

羅湖駅 (深圳駅)／罗湖站 ルゥオフウチャン／ロォウゥジャアム

深圳中心公園／深圳中心公园 シェンチェンチョオンシィンゴォンユゥエン／サアムザァンジョオンサアムゴォンユゥン

香蜜湖／香蜜湖 シィアンミイフウ／ホェンマッウゥ

世界之窓／世界之窗 シィジエチィチゥアン／サァイガアイジイチゥアン

簡氏宗祠／简氏宗祠★☆☆

北 jiǎn shì zōng cí 広 gáan si³ jung¹ chi⁴

かんしそうし／ジィエンシィイゾォンツウ／ガアンシィジョオンチィ

　清朝乾隆年間(1735~95年)に創建され、当時の建築様式を
よく伝える簡氏宗祠。屋根は緑の釉薬をかけた瑠璃瓦でふ
かれ、建築本体はレンガと木材を素材とする。三間三進、幅
12.65m、奥行32.05mの祠堂で、20度ほど傾いている。

石厦趙氏宗祠／石厦赵氏宗祠★☆☆

北 shí shà zhào shì zōng cí 広 sek³ ha³ jiu³ si³ jung¹ chi⁴

せきかちょうしそうし／シィシャアチァアオシイゾォンツウ／セエッハァジィウシィジョオンチィ

　石厦村に暮らす趙氏共通の祖先をまつる石厦村趙氏宗
祠。三間二進の建築は幅10.5m、奥行18mで、前堂、正堂から
なる。清の光緒年間(1875~1908年)に建てられ、1996年に重
修された。

石厦碉楼／石厦碉楼★☆☆

北 shí shà diāo lóu 広 sek³ ha³ diu¹ lau⁴

せきかちょうろう／シィシャアディアオロォウ／セエッハァディウラァウ

　清末民初(中華民国初年の1912年という)に建てられた、石厦村
の中心にそびえる石厦碉楼。見張り台、防御用の砦をかね
た2階以上の望楼を碉楼といい、石厦碉楼の規模は5層、高さ
16.5m、幅4.9m、奥行4.6mになり、四周を外壁に囲まれてい
る。石厦村の趙氏が当時、盗賊の害をふせぐために、衆孚堂
という互助組織をつくり、武術家を雇った。そして石厦村の
安全と財産を守るために資金を出しあって、この石厦碉楼
が建てられた(開平に代表されるように広東省ではこの時代、しばしば
碉楼が建てられた)。創建当初は深圳でもっとも高い建物だっ
たと言われ、石厦碉楼の頂部からは深圳河や香港まで見渡
すことができる。国民党軍、日本軍、人民解放軍がこの碉楼
に駐留し、20世紀初頭の深圳の様子をよく伝えている。

深圳文化創意園／深圳文化创意园 ★☆☆

⊕ shēn zhèn wén huà chuàng yì yuán ⓗ sam¹ jan² man⁴ fa² chong² yi² yún

しんせんぶんかそういえん／シェンチェンウェンフゥアチュウアンイイユゥエン／サアムザァンマァンファアチョオンイイユウン

　深圳湾に近い新洲路と福強路の交わる地点に位置する深圳文化創意園(Shenzhen Culture Creative Park)。深圳世紀工芸文化広場があった場所が、2007年、メディア、デザイン、工芸品、文化ソフトウェアなどの発信拠点として生まれ変わった。オフィス、アートやギャラリー、カフェなどが集まっていて、観光、娯楽、ビジネスの拠点となっている。

咖啡 | 茶 | 酒吧 | 餐厅 | 画廊
COFFEE | TEA | BAR | RESTAURANT | Gallery

Xiang Mi Hu
香蜜湖城市案内

深圳の開発がはじまったばかりの1980年代
香蜜湖は空気が清浄なリゾート地だった
そして香蜜湖では二度目の開発（再開発）が進んでいる

香蜜湖／香蜜湖★☆☆
🀄 xiāng mì hú 🀄 heung¹ mat³ wu⁴
こうみつこ／シィアンミイフウ／ホェンマッウゥ

　塘朗山脈の南麓に広がる香蜜湖は43万平方メートルの規模をもち、「蜜の香りのする湖」を意味する。1979年以降、香港新界に隣接した羅湖と蛇口から深圳の開発がはじまり、その中間にあるのどかな田園地帯の香蜜湖にはリゾート地がおかれていた。1981年に開業した香蜜湖度假村では豊かな休暇を楽しめ、この街に出稼ぎにきた中国人移民たちにとって憧憬の場所でもあった（水上楽園、香蜜湖美食街）。1990年代をへて、深圳羅湖が手ぜまになり、福田CBDの開発がはじまると、香蜜湖は市街地のなかにとりこまれていった。都市が変貌していくなかで、黎明期の香蜜湖度假村は老朽化し、市街部に開発する場所がなくなったこともあって、福田CBDに隣接する香蜜湖の立地が注目された。そして2020年代になって、新たに金融、文化、創造、商業、レジャーをかねそなえたエリアの香蜜湖新金融中心、生態城市総合体として生まれ変わった。深圳を東西に横断する深南大道沿いの香蜜湖ほとりに、深圳国際交流中心、改革開放展覧館、深圳金融文化中心などが集まり、福田と南山のあいだの新たな深圳の核心区として注目されている。

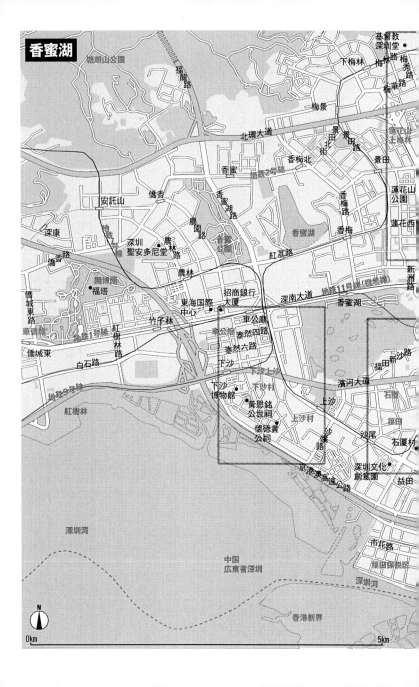

車公廟／车公庙 ★☆☆

🀫 chē gōng miào 🀄 che¹ gung¹ miu³

しゃこうびょう／チェエゴォンミィアオ／チェエゴォンミィウ

　　周囲一帯の開発が進むエリアの車公廟という名前は、もともとは香港でも知られている道教寺院に由来する。南宋(1127～1279年)末の武人である車公こと車大元帥は、モンゴル軍から逃れる南宋少帝(皇帝)を守りながら、宝安県(深圳、香港)へとやってきた。死後、人びとは車大元帥をまつるようになり、明代に疫病がはやったとき、車公廟にお祈りすると、疫病が沈静化したため、珠江デルタ各地で車公廟が建てられるようになった。地名として残る深圳の車公廟には東海国際中心、招商銀行といった高層ビルが立つほか、上沙村、下沙村といった深圳発祥の城中村も位置する。泰然路あたりには中国各地の料理を出す店がならぶ車公廟美食街となっている。

★★★
福田／福田 フウティエン／フッティン

★★☆
華僑城／华侨城 ファチャオチャン／ワキィウセェン

★☆☆
香蜜湖／香蜜湖 シィアンミイフウ／ホェンマッウゥ
車公廟／车公庙 チェエゴォンミィアオ／チェエゴォンミィウ
東海国際中心／东海国际中心 ドンハイグゥオジイチョンシィン／ドォンホォイグゥオッジャアイジョンサァム
招商銀行大廈／招商银行大厦 チャアオシャアンイインハァンダアシャア／ジィウソォンンガァンホォンダアイハァ
園博園／园博园 ユウェンボォオユウェン／ユウンボォオユウン
深圳聖安多尼堂／深圳圣安多尼堂 シェンチェンシェンファンドゥオニイイタァン／サァムザァンシインオォンドォオネイトォン
紅樹林／红树林 ホォンシュウリィン／ホォンシュウラァム
下沙村／下沙村 シィアシャアツゥン／ハァサアチゥン
下沙博物館／下沙博物馆 シィアシャアボォオウゥグゥアン／ハァサアボッムゥグゥン
黄思銘公世祠／黄思铭公世祠 フゥアンスウガアゴォンシイツウ／ウォンシイミィンゴォンサァイチィ
上沙村／上沙村 シャアンシャアツゥン／ソォンサアチゥン
上沙懐徳黄公祠／上沙怀德黄公祠 シャアンシャアフゥアイダアフゥアンゴォンツゥ／ソォンサアワアイダアウゥオンゴォンチィ
蓮花山公園／莲花山公园 リィアンフゥアシャンゴォンユウェン／リィンファアサアンゴォンユウン
基督教深圳堂／基督教深圳堂 ジイドゥウジィアオシェンチェンタァン／ゲエイドォッガアウサァムザァントォン
石厦村／石厦村 シイシャアツゥン／セエッハァチゥン
深圳文化創意園／深圳文化创意园 シェンチェンウェンフゥアチュウアンイイユウェン／サァムザァンマァンファアチョォンイイユウン
深圳河／深圳河 シェンチェンハァ／サァムザァンホォ

東海国際中心／东海国际中心 ★☆☆

北 dōng hǎi guó jì zhōng xīn 広 dung¹ hói gwok² jai² jung¹ sam¹

とうかいこくさいちゅうしん／ドンハァイグゥオジイチョオンシィン／ドォンホオイグゥオッジァアイジョオンサアム

　　車公廟(香蜜湖)にそびえる高さ300mと高さ255mのふ
たつの高層ビルがくみあわさった東海国際中心(east pacific
international center)。オフィス、ホテル、ビジネス用アパートなど
の機能をそなえた複合ビルで、深南大道沿いに位置する。ガ
ラスのカーテンウォールの東海国際中心がそびえる姿は、
近くの招商銀行大厦とともに車公廟の象徴でもある。

招商銀行大厦／招商银行大厦 ★☆☆

北 zhāo shāng yín háng dà shà 広 jiu¹ seung¹ ngan⁴ hong⁴ daai³ ha³

しょうしょうぎんこうたいか／チャアオシャアンインインハァンダアアシァア／ジィウソオンンガァンホォンダアイハァ

　　福田CBDから南山へと続く深南大道沿いにそびえる
招商銀行大厦。53階建て、高さ237.1mのこの高層ビルは、
2001年に竣工した。招商銀行は清代、李鴻章の進めた洋務
運動のなか、1872年に設立された輪船招商公局の流れをく
む名門企業で、銀行のほか電信局、紡績業、鉄道、炭鉱などを
事業領域とした。この招商銀行は、1987年、改革開放の最前
線である深圳蛇口で設立された。金融、投資、生命保険まで
をあつかい、深圳の飛躍的な発展を金融面で支えてきた。

園博園／园博园 ★☆☆

北 yuán bó yuán 広 yún bok² yún

えんぱくえん／ユゥエンボオユゥエン／ユウンボオッユウン

　　2004年に開かれた深圳国際花卉園芸博覧会(花博)にあわ
せて整備された園博園。深圳の都市開発は計画的に行なわ
れて、「亜熱帯の花が咲く、緑豊かな公園のなかに都市」をつ
くったとも言われる。ここ園博園には泉、橋、亭、また上海の
石庫門をはじめとする中国各地の建築などが配置され、最
高地点に高さ52m、9階建ての八角形の福塔がそびえてい
る。深圳では1986年、ライチが「市の木」に、ブーゲンビリア

遠くに招商銀行大厦と東海国際中心がそびえる

ブーゲンビリアは深圳の市花

紅樹林や園博園などを抱える緑豊かな公園都市

深圳中心部から郊外へと地下鉄が伸びる

が「市の花」に選ばれ、2007年、マングローブが2番目の「市の木」に選ばれた。

深圳聖安多尼堂／深圳圣安多尼堂★☆☆

北 shēn zhèn shèng ân duō ní táng　広 sam¹ jan² sing² on¹ do¹ nei⁴ tong⁴
しんせんせいあんとにおどう／シェンチェンシェンァァンドゥオニィタァン／サアムザァンシインォォンドォオネイトォン

　福田区農林路に位置するキリスト教ローマ・カトリックの教会の深圳聖安多尼堂(St.Anthony's Catholic Church of Shenzhen)。イタリアのパドヴァでなくなった聖アントニオ(1195～1231年)に捧げられていて、深圳に暮らす中国人と外国人のキリスト教徒が礼拝に訪れる。直方体の石がくみあわさったようなデザインで、上部に十字架が載り、その下に「天主堂」という文言が見える。

紅樹林／红树林★☆☆

北 hóng shù lín　広 hung⁴ syu³ lam⁴
こうじゅりん／ホンシュウリィン／ホォンシュウラァム

　東の深圳河河口から、西の生態公園まで深圳湾の海岸にそって続く全長9km (福田区は5km)、幅は50～300mのマングローブ自然保護区の紅樹林。サギ、カモメ、ガチョウ、カモをはじめとする200種類近くの渡り鳥が、毎年、越冬のために訪れ、なかにはコウノトリ、シラサギ、クロツラヘラサギといった貴重な鳥も見られる。天然のマングローブが続く緑のこの回廊(紅樹林)は、1984年に整備され、1988年に国立自然保護区に指定された。中国でもっとも小さいが、もっとも都市部に近い自然保護区となっている。

下沙上沙城市案内

Xia Sha Shang Sha

南宋時代、黄黙堂が南遷してきて
深圳福田に開いた下沙村
改革開放以前の深圳の様子を伝える城中村

下沙村／下沙村 ★☆☆

⊕ xià shā cūn ⑲ ha³ sa¹ chyun¹
かさむら／シィアシァアツゥン／ハァサアチゥウン

　深圳福田区の南西部に位置し、深圳発祥の場所のひとつ
とも言える下沙村。下沙村という名前は、この地が深圳河ほ
とりの沙の埠頭(沙埠)であったことによる。南宋時代、客家
人の黄黙堂(1188〜1248年)が南遷して下沙村を開村し、これ
が深圳福田に最初に移住した黄氏となった(黄黙堂の墓は、蓮花
山に残る)。下沙村は東湧、大圍、村仔、園仔、新村、東頭などの
集落からなり、全員が黄氏で、農業、漁業、牡蠣の養殖をして
生計を立てていた。アヘン戦争(1840〜42年)以前は香港新界
とのあいだに国境(ボーダー)もなく、1979年に深圳の開発が
はじまるまで農村が広がるばかりだった。深圳市街の拡大
とともにこの下沙村は城中村となり、下沙牌坊、下沙文化広
場、黄思銘公世祠、侯王廟などが古い時代の深圳の様子を伝
え、春と秋の2回の祖先をまつる祭祀では、福田村やその他
の集落、香港、マカオに進出した黄氏が集まってくる。そこ
では1300ものテーブルを出して一堂で食事を行なう「大盆
菜」、人の演じる108mにもなる龍の「亜洲第一巨龍」、獅子舞
や武術、粤劇といった嶺南の伝統的な文化を見ることがで
きる。

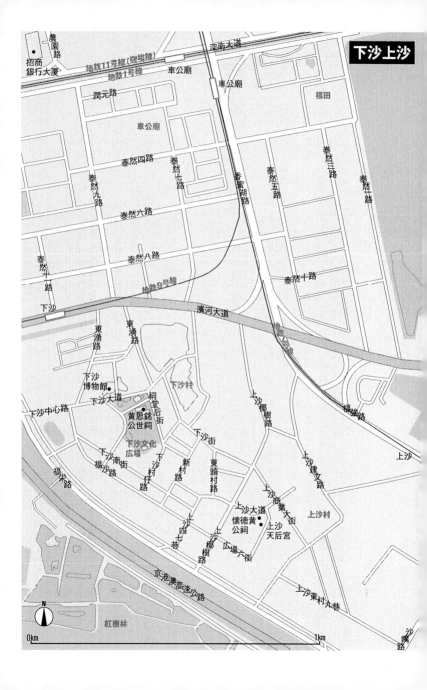

下沙上沙

農園路
招商銀行大廈
地鐵11号線(機場線)
地鐵1号線
車公廟
深南大道
車公廟
福田
潤元路
車公廟
泰然四路
泰然七路
泰然三路
泰然二路
泰然九路
泰然五路
泰然六路
香蜜湖路
泰然八路
地鐵9号線
泰然十路
泰然十一路
下沙
濱河大道
地鐵
東湧路
東瀝路
下沙博物館
下沙大道
下沙村
祠堂后街
上沙椰樹路
福強路
上沙
下沙中心路
黃思銘公世祠
下沙文化広場
下沙街
上沙建文路
下沙南街
新村路
福沙路
下沙村仔路
東頭村路
上沙商業大街
上沙村
福榮路
上沙大道
懷德黃公祠
上沙天后宮
上四巷路
上椰樹路
上広場六街
京港澳高速公路
上沙東村九巷
N
紅樹林
0km
1km
沙嘴路

下沙博物館／下沙博物馆 ★☆☆

北 xià shā bó wù guǎn 広 ha³ sa¹ bok² mat³ gún
かさはくぶつかん／シィアシャアボオウグゥアン／ハァサアボッマッグウン

　南宋(1127〜1279年)時代から深圳福田に暮らす黄氏、そし
て下沙村の歴史や民俗を紹介した下沙博物館。2004年に開
館し、下沙の起源を紹介する「駿馬堂堂出異方」、村の人たち
が使っていた農業と漁業の道具や生活用品の見られる「耕
山耘海八百年」、一族の祝いごとの際に集まって食事をとる
宴席の模型「天下共享大盆菜」、深圳の開発が進んでからの
下沙村の歩み「繁栄強盛看今朝、富而思進向未来」といった
展示が見られる。また下沙村で生まれ、広州と恵州一帯の秘
密結社(洪門)の指導者となった黄耀庭(1863〜1913年)の彫像
が見られる(耀庭という名前は、シンガポールで興中会に入ったとき、孫
文から名づけられた)。

黄思銘公世祠／黄思铭公世祠 ★☆☆

北 huáng sī gè gōng shì cí 広 wong⁴ si¹ ming⁴ gung¹ sai² chí⁴
こうしめいこうせいし／フゥアンスウガアゴォンシイツウ／ウォンシイミィンゴォンサァイチィ

　南宋に黄黙堂(1188〜1248年)が開村して以来の九世祖の黄
思銘をまつる黄思銘公世祠。黄思銘の時代に下沙村の人口
が急速に増え、村は拡大したことから、子孫たちから信仰を
集めるようになった。明末の創建で、現在の建築は清代のも

★★★
福田／福田 フウティエン／フッティン

★☆☆
下沙村／下沙村 シィアシャアツゥン／ハァサアチュウン
下沙博物館／下沙博物馆 シィアシャアボオウグゥアン／ハァサアボッマッグウン
黄思銘公世祠／黄思铭公世祠 フゥアンスウガアゴォンシイツウ／ウォンシイミィンゴォンサァイチィ
上沙村／上沙村 シャアンシャアツゥン／ソォンサアチュウン
上沙懐徳黄公祠／上沙怀德黄公祠 シャシャアフウアイダアフゥアンゴォンツウ／ソォンサアワァイダアッウォンゴォンチィ
上沙天后宮／上沙天后宫 シャアンシャアティエンホォウゴォン／ソォンサアティンハッゴォン
香蜜湖／香蜜湖 シィアンミイフゥ／ホェンマッウゥ
車公廟／车公庙 チェエゴォンミィアオ／チェエゴォンミゥウ
招商銀行大厦／招商银行大厦 チャアシャアンイィンハァンダアシャア／ジィウソォンンガァンホォンダアイハァ
紅樹林／红树林 ホォンシュウリィン／ホォンシュウラァム

ので、1995年に重修されている。幅14m、奥行43mで、前堂、中堂、後堂へと続く三間三進の建築では、石彫、木彫、壁画など、嶺南の民間芸術が見られる。

上沙村／上沙村 ★☆☆
🇨🇳 shàng shā cūn 🇭🇰 seung³ sa¹ chyun¹
じょうさむら／シャアンシャアツゥン／ソォンサアチュゥン

　南宋(1127〜1279年)時代から深圳福田に暮らす下沙の黄氏の一派が、近くに遷って開いたのが上沙村。下沙村を開いた黄黙堂の子と孫にあたる黄昭孫、黄懐徳(1172〜1241年)の時代に上沙村は開村され、懐徳黄公祠が残っている。村の名称は、深圳河ほとりの沙(沙埠)にちなみ、下沙村よりも上流にあることから上沙村と呼ばれている。

上沙懐徳黄公祠／上沙怀德黄公祠 ★☆☆
🇨🇳 shàng shā huái dé huáng gōng cí 🇭🇰 seung³ sa¹ waai⁴ dak¹ wong⁴ gung¹ chi⁴
じょうさかいとくこうこうし／シャシャフゥアイダアフゥアンゴォンツゥ／ソォンサアワアイダアッウォンゴォンチィ

　上沙村を開村した3世祖黄懐徳(1172〜1241年)と2世祖黄昭孫をまつった上沙懐徳黄公祠(昭明堂)。黄懐徳は下沙村から少し離れた上沙の地で村をつくり、この上沙懐徳黄公祠の創建年代はくわしくはわかっていないが、現在の建物は清代のものとされている(内部には明代の柱も残る)。三間三進の建築は幅12.9m、奥行33.8mで、前堂、中堂、前廊、後廊と正堂からなる。1949年の解放後、小学校、食堂、砂糖工場、蒸留所、精米所、穀倉などに転用され、1991年、香港やマカオ、海外の黄一族(華僑)の援助で再建された。

上沙天后宮／上沙天后宫 ★☆☆
🇨🇳 shàng shā tiān hòu gōng 🇭🇰 seung³ sa¹ tin¹ hau³ gung¹
じょうさてんごうきゅう／シャアンシャアティエンホウゴォン／ソォンサアティンハウゴォン

　懐徳黄公祠のそばに残る「海の守り神」天后(媽祖)をまつる上沙天后宮。明(1368〜1644年)代に建てられ、その後、何

度も修建を繰り返していて、現存する建築は清代のものと考えられる(深圳に現存する初期の建築のひとつ)。幅12.3m、奥行13.7mの規模で、三間二進の構成となっている。

華僑城の世界之窓、ピラミッドが見える

錦繡中華で演じられてきた劇

中国や世界各地の名所を深圳に、という思いでつくられた

香港資本の協力もあって深圳黎明期に開発された華僑城

Hua Qiao Cheng
華僑城城市案内

塘朗山を北に、深圳湾を南に抱える華僑城
ここは福田区の西側に隣接する南山区エリアで
深圳黎明期から開発がはじまった地でもある

華僑城／华侨城 ★★☆

㊝ huá qiáo chéng ㊙ wa⁴ kiu⁴ sing⁴

かきょうじょう／ファチャオチャン／ワキィウセン

　錦繍中華、中国民俗文化村、世界之窓といったテーマパークの集まる華僑による街、華僑城（OCTオーバーシーズチャイニーズ・タウン）。華僑城の前身はもともと国営の宝安県光明華僑畜牧場沙河分場で、海外の華僑やその技術が導入されていた。1979年、香港に近い深圳の開発がはじまると宝安県は廃止され、ここに沙河華僑工業区がつくられることになった（沙河とは華僑城の西側を流れる大沙河のこと）。1985年、香港資本の協力のもと、海外の資本や人材を呼び込む窓口と、都市深圳の象徴となる観光地もかねそなえた華僑城の開発が決まった。やがて沙河華僑企業公司は華僑城集団有限公司と名前を変え、海外で活躍する華僑の資金や技術を使って、華僑城は整備されていった。1989年、華僑城に現れた中国初のテーマパーク「錦繍中華（1989年）」を皮切りに、「中国民俗文化村（1991年）」、世界各地の観光地を1か所に集めた「世界之窓（1994年）」、遊園地の「歓楽谷（1998年）」といった、観光産業を振興するための、娯楽や美しい街並みをもつ大型施設がいくつも生み出されていった。その後も現代アートから中国伝統の美術までをあつかう、性格の異なる複数の美術館「華夏芸術中心」「華・美術館」「何香凝美術館」、ロフト式

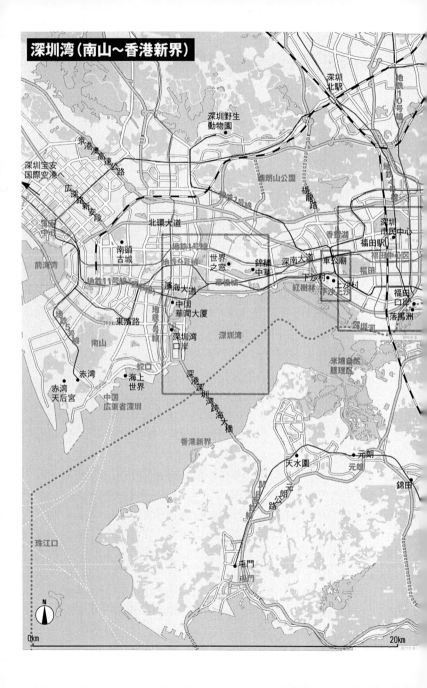

深圳湾（南山〜香港新界）

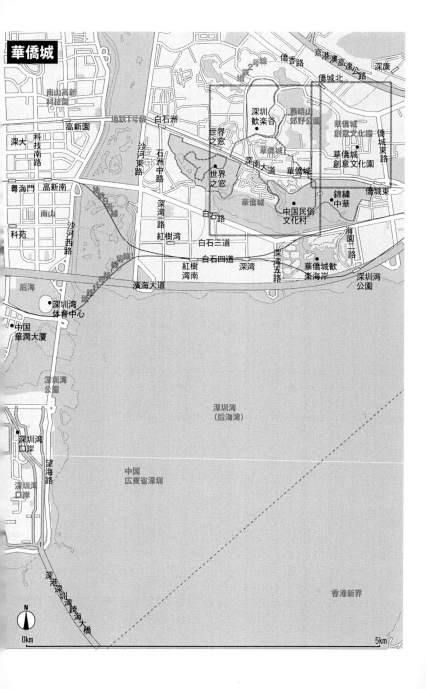

華僑城

南山高新科技園

京港澳高速公路

僑香路

深康

僑城北

南山高新科技園

地鉄2号線

高新園

白石洲

深圳歡楽谷

蓮塘山郊野公園

華僑城創意文化園

僑城東路

深大

科技南路

石洲中路

世界之窓

沙河東路

華僑城

深南大道

華僑城創意文化園

僑城東

粤海門

高新南

世界窓

錦繍中華

中国民俗文化村

南山

沙河西路

深灣路

翠僑緑

海園路

科苑

紅樹湾

白石路

白石三道

深圳湾公園

白石四道

深湾

深德五路

濱海大道

紅樹湾南

華僑城歓楽海岸

深圳湾体育中心

后海

中国華潤大厦

深圳湾公園

深圳湾口岸

望海路

深圳湾
(后海湾)

深圳湾口岸

中国
広東省深圳

香港新界

深港深圳湾跨海大橋

N

0km   5km

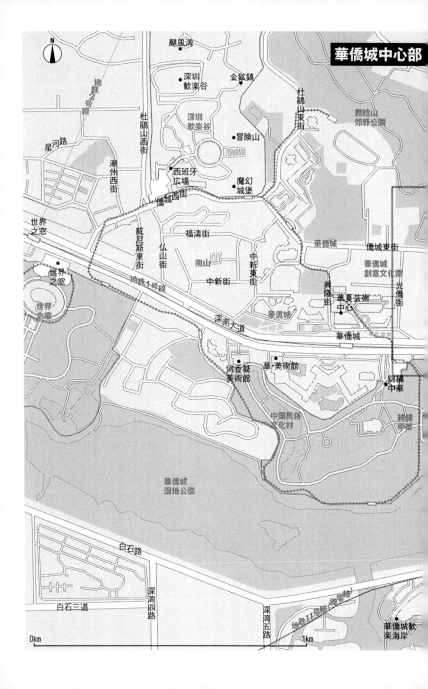

N

颶風灣

深圳
歡樂谷

金鑛鎮

深圳歡樂谷

杜鵑山東街

燕晗山
郊野公園

地鐵2号線

冒険山

杜鵑山西街

星河路

西班牙
広場

魔幻
城堡

潮州西街

僑城西街

福清街

華僑城

僑城東街

世界
之窗

威尼斯東街

仏山街

南山

中新東街

華僑城
創意文化園

光僑街

世界
之窗

地鐵1号線

中新街

興隆街

華夏芸術
中心

世界
之窗

深南大道

摩僑城

華僑城

錦繡
中華

何香凝
美術館

華・美術館

錦繡
中華

中国民俗
文化村

華僑城
湿地公園

白石路

白石三道

深湾四路

深湾五路

地鐵11号線

楊場線

華僑城歓
楽海岸

0km　　　　　　　　　　1km

商業空間「華僑城創意文化園（OCT-LOFT）」、イタリア風邸宅、高級ホテルなどが建設され、深圳を代表する街へと成長し、華僑城は一大観光エリアを形成している。

世界之窓／世界之窗 ★☆☆

🄟 shì jiè zhī chuǎng　🄰 sai² gaai² ji¹ cheung¹

せかいのまど／シィジエチチュウアン／サァイガアイジイチュウアン

　　中国深圳と世界を結ぶ象徴的な意味合いをこめて建設されたテーマパークの世界之窓。1949年以来、中国は計画経済で国が運営され、深圳の開発がはじまってまもなく、西側諸国との交流があまりなく、世界へ進出していた華僑の資金や投資で華僑城が築かれた。そして華僑城の「世界之窓」は、1994年、香港中旅集団と華僑城集団の投資で開園し、羅湖にそびえる地王大厦の展望台「深港之窓」とともに、グ

★★★

福田／福田 フウティエン／フッティン

深圳市民中心／深圳市民中心 シェンチェンシイミィンチョンシン／サアムザァンシイマンジョオンサアム

★★☆

華僑城／华侨城 ファチャオチャン／ワァキィウセェン

錦繍中華／锦绣中华 ジンシゥチョンファ／ガアムサァウジョオンファ

中国民俗文化村／中国民俗文化村 チョングゥオミンスウウェンフゥアツゥン／ジョオングゥオッマンジョッマンファアチュウン

華僑城創意文化園（OCT-LOFT）／华侨城创意文化园 フゥアチアオチャンチュアンイイウェンフゥアユゥエン／ワァキィウセェンチョンイイマァンファアユゥン

深圳中心区（深圳中央商務区）／深圳中心区（深圳中央商务区） シェンチェンチョオンシンチュウ（シェンチェンチョオンヤアシャアンウウチュウ）／サアムザァンジョオンサアムコォイ（サアムザァンジョオンヤアンサアンモォウコォイ）

★☆☆

世界之窓／世界之窗 シィジエチチュウアン／サァイガアイジイチュウアン

深圳歓楽谷／深圳欢乐谷 シェンチェンファンラアグウ／サアムザァンフゥンロッゴッ

華夏芸術中心／华夏艺术中心 フゥアシィアイイシゥウチョンシン／ワァファアンソッジオンサアム

華・美術館／华・美术馆 フゥアメェイシゥウグゥアン／ワァメェイセッグゥン

何香凝美術館／何香凝美术馆 ハアシィアンニィンメェイシゥウグゥアン／ホォハァンイインメェイセッグゥン

華僑城歓楽海岸／华侨城欢乐海岸 フゥアチアオチャンフゥアンラアハァイアァン／ワァキィウセェンフゥアンロッホオインゴォン

車公廟／车公庙 チェエゴォンミィアオ／チェエゴォンミィウ

下沙村／下沙村 シィアシャアツゥン／ハァサアチュウン

上沙村／上沙村 シャアンシャアツゥン／ソォンサアチュウン

香蜜湖／香蜜湖 シィアンミイフウ／ホォンマッウウ

紅樹林／红树林 ホォンシュウリィン／ホォンシュウラァム

深圳河／深圳河 シェンチェンハァ／サアムザァンホォ

深南大道／深南大道 シェンナァンダアダァオ／サアムナアムダアイドォウ

ローバル化の窓口となる期待がこめられていた。世界之窓の入口には、パリ（フランス）のルーブル美術館のガラスのピラミッドが立ち、鄧小平に続く当時の指導者、江沢民による「世界之窓」という文言が見える。なかにはエッフェル塔やピラミッドなどのミニチュアがならび、ここを訪れる中国人が世界旅行を疑似体験できるようになっている。「世界広場」「アジア」「オセアニア」「ヨーロッパ」「アフリカ」「アメリカ」「世界彫刻庭園」「国際通り」という8つのエリアには、歴史的な遺構、有名な観光地、自然の風景が点在していて、園内では民謡や舞踊も演じられる。

錦繡中華／锦绣中华★★☆

⑱ jīn xiù zhōng huá ⑱ gám sau² jung¹ wa⁴
きんしゅうちゅうか／ジンシウチョンファ／ガアムサァウジョオンファ

　中国の世界遺産や自然、観光地を1か所に集めて15分の1の縮尺で再現した「美しい中華」錦繡中華（『小人の国』）。1985年に華僑城の開発が決まり、その目玉として1989年にテーマパーク錦繡中華が建設され、開発の責任者は馬志民（1932～2006年）がつとめた（北京や広州にくらべて歴史的遺構にとぼしい深圳にあって、観光産業の振興が目的だった）。馬志民は世界各地のテーマパークを視察するなかで、オランダ・ハーグのマドローダムを目のあたりにし、これの中国版をつくり、中国の歴史や文化、民俗、遺構などを集め、1日で中国全土の観光ができるようにしようと考えた。中国各地、そして香港から、芸術家や歴史家、建築家、園芸家、彫刻家などが集められ、中国全土の省の名所が一堂に会する錦繡中華（美しい中華）が完成した。北京故宮、万里の長城、孔子廟、黄鶴閣、龍門石窟、兵馬俑、莫高窟、香妃墓、成吉思汗陵、昭君墓、黄帝陵、中山陵、明十三陵、晋祠、武侯祠といった中国各地の遺跡、泰山、黄山といった自然が小さな模型で再現され、これらは実際の中国の国土と同じ位置関係で配置されている。また中国の伝統劇が演じられる劇場、中国各地の料理が味わえる飲食店

のほか、20を超す少数民族の村、24の伝統家屋を再現した中国民俗文化村も隣接する。

中国民俗文化村／中国民俗文化村★★☆

🀄 zhōng guó mín sú wén huà cūn 🀄 jung¹ gwok² man⁴ juk³ man⁴ fa² chyun¹
ちゅうごくみんぞくぶんかむら／チョオングゥオミンスウウェンフゥアツゥン／ジョオングゥオッマァンジョッマンファアチュゥン

　中国民俗文化村は、錦繍中華に隣接する姉妹テーマパークで、錦繍中華の2年後の1991年に開業した。20万平方メートルを超える広大な敷地に、中国各民族の民芸品や民俗習慣、住宅建築物などが集められていて、中国に暮らす56の民族のなかの、27の村が再現されている。イ族(彝族)、ミャオ族(苗族)、リー族(黎族)、ウイグル族、チベット族、ワ族(佤族)、タイ族(傣族)、ナシ族(納西族)、ペー族(白族)といった少数民族のものを中心に、白族民居、蒙古包、客家土楼、侗族鼓楼、風雨橋、北京四合院といった中国民俗文化村の伝統家屋や宗教建築が見られる(専門家の指導のもとつくられた)。タイ族(傣族)の水祭りやイ族(彝族)の聖火祭、ミャオ族(苗族)の蘆笙舞といった祭りや民族舞踊も、365日を通じて行なわれている。

深圳歓楽谷／深圳欢乐谷★☆☆

🀄 shēn zhèn huān lè gǔ 🀄 sam¹ jan² fun¹ lok³ guk¹
しんせんかんらくだに／シェンチェンファンラアグゥ／サアムザァンフゥンロッゴッ

　華僑城をつくったOCTグループによるテーマパークで、各種のアトラクションが楽しめる深圳歓楽谷(ハッピーバレー)。錦繍中華、中国民俗文化村、世界之窓に続いて、1998年に開業した。スペインの街の様子が再現された「西班牙広場」、アドベンチャー世界の「冒険山」、魔法とおとぎの「魔幻城堡」、ゴールドラッシュ時代を感じられる「金鉱鎮」、雪の大自然「香格裏拉雪域」、南国のビーチ「陽光海岸」、カリブの海「颶風湾」のなど、各エリアごとにさまざまな世界のモチーフをもつ。

華夏芸術中心／华夏艺术中心★☆☆

北 huá xià yì shù zhōng xīn 広 wa⁴ ha³ wan⁴ seut³ jung¹ sam¹

かかげいじゅつちゅうしん／フゥアシィアイイシュウチョオンシィン／ワァフゥファワンソッジョオンサァム

　華僑城の中心部、深南大道沿いに立つ文化センターの華夏芸術中心。1000人を収容する劇場、映画館などを擁し、国内外のアート作品を展示する。深圳が発展する途上の1991年に開業した。

華・美術館／华・美术馆★☆☆

北 huá měi shù guǎn 広 wa⁴ mei, seut³ gún

かびじゅつかん／フゥアメェイシュウグゥアン／ワァメェイセッグゥン

　何香凝美術館、華僑城創意文化園(OCT当代芸術中心)とあわせて華僑城のアート・トライアングルを形成する華・美術館。現代アート作品を収蔵、展示し、前衛的な芸術の発信拠点となっている。北京に立つ水立方(北京国家遊泳中心)を彷彿とさせる立方体の建築で、蜂の巣状の外壁をもつ。

何香凝美術館／何香凝美术馆★☆☆

北 hé xiāng níng měi shù guǎn 広 ho⁴ heung¹ ying⁴ mei, seut³ gún

かこうぎょうびじゅつかん／ハアシィアンニィンメイシュウグゥアン／ホォハァンイィンメイセッグゥン

　孫文のもとで政治活動を行なった廖仲愷の妻で、政治家、画家でもあった何香凝(1878〜1972年)にまつわる何香凝美術館。何香凝は広州に生まれ、香港で育ち、日本に留学したあと、中国に戻った。夫廖仲愷の意思を受け継いだ政治家であった一方、中国画の画家としてもすぐれた作品を残し、何香凝美術館では何香凝による絵画、華僑の芸術、女性芸術などを展示する。1997年に開館した。

華僑城歓楽海岸／华侨城欢乐海岸★☆☆

北 huá qiáo chéng huān lè hǎi àn 広 wa⁴ kiu⁴ sing⁴ fun¹ lok³ hói ngon³

かきょうじょうかんらくかいがん／フゥアチィアオチャァンフゥアンラアハァイアァン／ワァキゥウセェンフゥアンロッホオインゴォン

　深圳湾にそった海岸地帯を利用したテーマパークとリ

アート作品を展示する何香凝美術館

テーマパークの深圳歓楽谷も近くにある

華・美術館は北京の水立方（北京国家遊泳中心）を思わせる

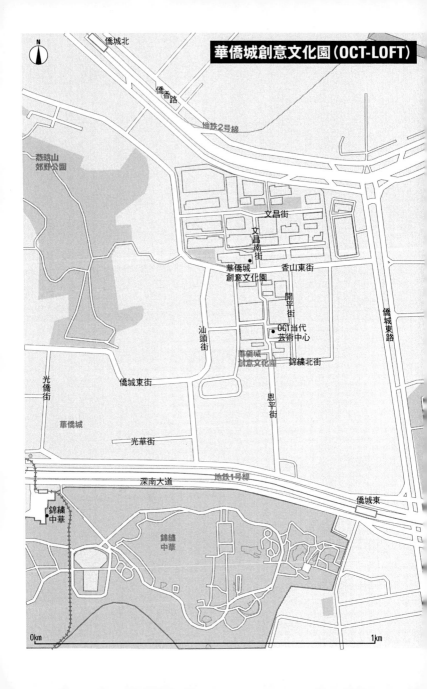

ゾートホテルのあわさった華僑城歓楽海岸。都市深圳と、この街が開発される以前の漁村が再現され、約1000m続く曲がりくねった曲水湾と、そのそばの曲水街など心地よい空間が続く。錦繍中華や世界之窓と同じ華僑城集団による開発で、あたり一帯は深圳のリゾート地となっている。

華僑城創意文化園 (OCT-LOFT) ／华侨城创意文化园 ★★☆

🔵 huá qiáo chéng chuàng yì wén huà yuán 🔴 wa⁴ kiu⁴ sing⁴ chong² yi² man⁴ fa² yún
かきょうじょうそういぶんかえん（おーしーてぃーろふと）／フゥアチィアオチャアンチュアンイイウェンフゥアユゥエン
／ワァキゥゥセェンチョオンイイマァンファアユゥン

工業プラント跡を利用してクリエイティブ、デザインの発信拠点として生まれ変わった華僑城創意文化園(OCT-LOFT、OCT当代芸術中心)。深圳の開発がはじまったばかりの1980年代の華僑城原東部工業区を前身とし、工場の建物を改装したロフト複合体として2005年に開業した。都市深圳が第2次産業から第3次産業へと軸足を遷していくなかで、2004年より文化クリエイティブ産業が重視され、華僑城創意文化園もその流れでつくられた(倉庫を改装したアトリエやギャラリーをロフトと呼ぶ)。華僑城創意文化園の整備とともに深圳城市建築双年展もはじまり、深圳のファッション、デザイン、アート、音楽の発信拠点、アーティストやデザイナーの活動拠点にもなっている。南区と北区からなる華僑城創意文化園には、ギャラリーやカフェが集まっていて、「技術」「産業」「公園」の性格をあわせもっている。

★★☆
華僑城／华侨城 ファチャオチャン／ワァキゥゥセェン
錦繍中華／锦绣中华 ジンシゥチョンファ／ガアムサァウジョオンワァ
華僑城創意文化園 (OCT-LOFT)／华侨城创意文化园 フゥアチィアオチャアンチュアンイイウェンフゥアユゥエン／ワァキゥゥセェンチョオンイイマァンファアユゥン

★☆☆
深南大道／深南大道 シェンナァンダアダアオ／サアムナァムダアイドォウ

深圳の今がわかる、華僑城創意文化園(OCT-LOFT)

Nanten Hatsu

南天発大鵬のはばたき

北京から遠く離れた広東省宝安県
19世紀、この地でイギリスの植民都市香港が生まれ
20世紀後半、史上最速で進化する都市深圳が誕生した

深圳のかんたんな歴史

　アヘン戦争(1840〜42年)でイギリスの植民都市香港が生まれる以前、香港と深圳は同じ広東省宝安県(のちの新安県)に属していた。秦の始皇帝の遠征まで、嶺南のこの地には越族が暮らし、やがて東晋の331年、塩の管理を行なう県の行政が深圳市南山区の南頭古城におかれ、以来、1500年以上にわたって南頭古城が深圳と香港を包括する宝安県の中心地となっていた(唐代の757年、宝安県はいったん莞草から名前のとられた東莞＝莞城に遷っていて、香港の名前もこの香りのよい莞草の積み出し港であったことに由来する)。南宋(1127〜1279年)時代、モンゴル軍による侵入もあって、多くの漢族が南下して深圳に集落を築き、その集落は羅湖や福田、南山などで城中村のかたちで残っている。明(1368〜1644年)代に入ると、倭寇(海賊)が中国東南沿岸部を荒らすようになり、南山区の南頭古城、また深圳郊外の大鵬所城に軍事拠点がおかれていた。続く清初期の遷界令(1661〜83年)で、人口の大部分がいなくなったあと、客家人が大量に移住してきたため、「深圳西部では広東人が、深圳東部では客家人が暮らす」というその後の人口分布となった。深圳という地名は1410年(明永楽年間)にはじめて現れていて、羅湖に点在する明代以来の集落の住人が集まる市場「深圳墟」を意味した。この深圳墟(羅湖)の発展がは

じまるのは、アヘン戦争（1840〜42年）以後の1898年、香港新界と広東省宝安県（深圳）のあいだに国境線がひかれ、1911年に香港九龍と広東省広州を結ぶ九広鉄路の線路が深圳墟（羅湖）のそばを通ったことによる。1913年に九広鉄路の羅湖駅が完成すると、深圳墟に物資が集まるようになり、中華人民共和国成立後の1953年には宝安県の中心も南頭古城から羅湖に遷った。それからしばらくのあいだ深圳でもっとも繁栄していたのは、香港との国境の街、中英街のある沙頭角であり、イギリスの植民都市としてめざましい発展をとげていた香港への密入国を試みる人の姿が深圳にはあった。1979年、改革開放の流れを受けて、農村が点在するばかりの、香港に隣接する広東省宝安県に経済特区をつくることが決まり、街の名前も深圳と名づけられた。以後、深圳は香港や西側諸国の資本、技術などを吸収しながら目覚ましい発展をとげ、わずか40年で「北上広深（北京、上海、広州、深圳）」と呼ばれる中国屈指の街へと成長をとげた。

中華全土から集まった

　ほとんど何もない田園地帯から都市がつくられることになり、1979年の深圳の都市建設にあわせて中国全土から仕事と機会を求めて出稼ぎ労働者が集まってきた。そのため深圳では広東省にありながら、地元出身者の割合が少なく、移民都市という性格から、広東省で一般的な「広東語」ではなく、中国全土で通じる「普通話（北京語）」が話されている。骨格がしっかりとして面長の北方人、小柄で丸顔の南方人、少数民族など、深圳では他の中国の街とくらべて雑多な印象を受ける。こうした街の性格を反映するように、広東料理のほかに北京料理、上海料理、四川料理といった中国各地の料理が食べられている（深圳では他の中国の大都市と同じように、富裕層の利用する高級料理店から、中間層の使うチェーン店、また一般大衆の好む料理店まで、さまざまな階層、分野の料理店がある）。広東省の一都

世界史上、類を見ないスピードで都市が現れた

地王大厦と京基100が立つ蔡屋圍

深圳は中国と世界の窓の役割を果たすことになった

野心をもって、夢を求めて全土から人が集まった

市というよりは、1979年以後の中国の縮図とも言える深圳。地元出身者が少ないということは土地のしがらみや固有の文化をもたないということでもあり、前例を気にせず、革新的なものが生まれる風土をもつ。

珠江デルタを牽引する

　長らく中国華南地方の中心は、広東省の省都広州にあり、中国の対外窓口でもあった広州での交易を行なうために、大航海時代(15〜17世紀)を迎えた西欧諸国はインド洋を越え、南海にいたった。広州から珠江をくだった南海と接する地点にポルトガルの植民都市「マカオ(1557年〜)」と、イギリスの植民都市「香港(1842年〜)」が築かれた。そして、広州を頂点に、右下の香港(深圳)、左下のマカオ(珠海)とで三角形をつくり、この珠江下流域を珠江デルタ(珠江三角州)と呼ぶ。1979年、香港に隣接する深圳に経済特区がつくられたように、マカオに隣接する珠海にも同年、経済特区がつくられた。そしてその開発は、仏山、東莞、中山と隣接する都市、市域にもおよび、巨大な珠江デルタ経済圏(粤港澳大湾区)を形成している。2018年に香港とマカオを結ぶ全長55kmの港珠澳大橋が完成し、また同じ年に香港西九龍と深圳福田、東莞虎門、広州南駅を結ぶ高速鉄道の広深港高鉄も営業を開始した。深圳は、広東の歴史的主都「広州」と、金融都市「香港」を結ぶ地に位置し、粤港澳大湾区の中核的存在という役割をになっている。

『日本人のための広東語』(賴玉華著・郭文灝修訂/青木出版印刷公司)

『中国の都市空間にみる「圧縮式現代性」』(李小妹/人間文化創成科学論叢)

深圳政府在线移动门户 http://www.sz.gov.cn/

福田政府在线 http://www.szft.gov.cn/

深圳市人民政府口岸办公室网站官方 http://ka.sz.gov.cn/

地王观光·深港之窗 http://www.szmvc.com.cn/

深圳地王大厦 - 首页 http://www.diwangdasha.cn/

京基集团 https://www.kingkey.com.cn/

深圳都市报数字报 http://dtzbd.sznews.com/

深圳大剧院官方 https://www.szdjy.net/

深圳市城市管理和综合执法局网站 官方 http://cgj.sz.gov.cn/

深圳证券交易所-首页官方 http://www.szse.cn/

中国平安: 首页 https://www.pingan.cn/

深圳会展中心 https://www.szcec.com/

深圳图书馆官方 https://www.szlib.org.cn/

深圳市少年宫 | 深圳市少儿科技馆官方 https://www.szcp.com/

深圳音乐厅官方网站官方 https://www.szyyt.com/

星河COCO Park http://www.cocopark.cn/

深圳会展中心官方 https://www.szcec.com/

穆斯林在线 (muslimwww) http://www.muslimwww.com/

深圳市基督教深圳堂 http://www.shenzhentang.org/

招商银行官方网站 http://www.cmbchina.com/

首页- 天主教深圳圣安多尼堂 http://www.szsadn.com/

中国非物质文化遗产网·中国非物质文化遗产数字博物馆 http://www.ihchina.cn/

华强北博物馆 https://www.hqbmuseum.com/

『深圳东门十响祈福钟喜迎新年(图)』(李强·凌墨威/央广网·中央广播电视总台)

『今天你打卡了吗? 东园路美食街』(澎湃新闻)

『走进港人最爱的城中村——皇岗村』(网易家居综合)

『皇岗庄氏宗祠: 书写文化名人大营救的故事』(深圳晚报)

『深圳湖贝村:"城中村"的另一种选择』(丘濂来源/三联生活周刊)

『深圳百年老布庄"东生源",战乱时期筑五重门保平安文』(张黎明/澎湃新闻)

『思月书院:百年书院支援省港大罢工』(林咪玲/《中国共产党深圳历史》第一卷)

『深圳万千广厦中藏着一座百年碉楼』(南方新闻网)

『读创热点 | 深圳文和友悄然变脸, 改名"老街蚝市场"』(读创/深圳商报官方帐号)

『即将入市, 香蜜湖新金融中心, 生态城市综合体:深业中城』(咚咚牛浩思/咚咚地产头条-深圳房地产信息网)

中国知网 (Cnki) https://www.cnki.net/

OpenStreetMap

(C)OpenStreetMap contributors

まちごとパブリッシングの旅行ガイド
Machigoto INDIA , Machigoto ASIA , Machigoto CHINA

まちごとパブリッシングの旅行ガイド

深圳市街／城市の「奇蹟と軌跡」

まちごとパブリッシングの旅行ガイド

自力旅游中国Tabisuru CHINA

まちごとパブリッシングの旅行ガイド

深圳と華南

0km   1000km

N

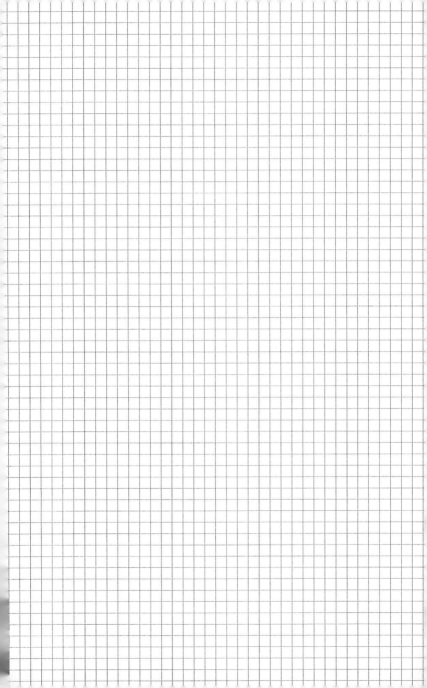

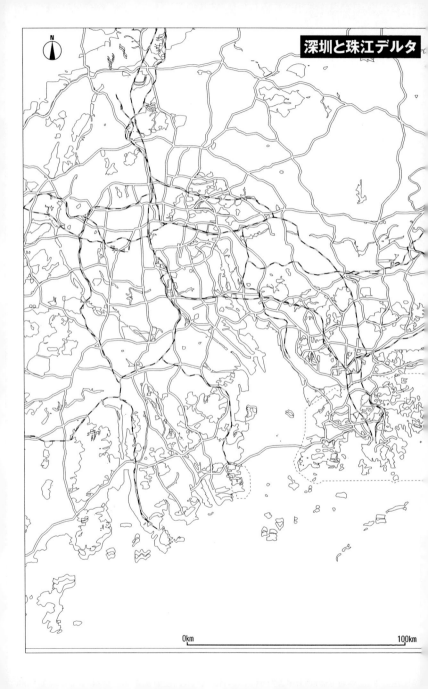

深圳と珠江デルタ

0km   100km

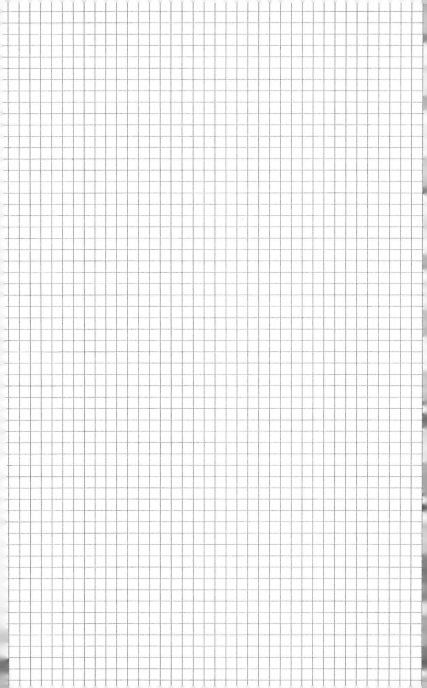

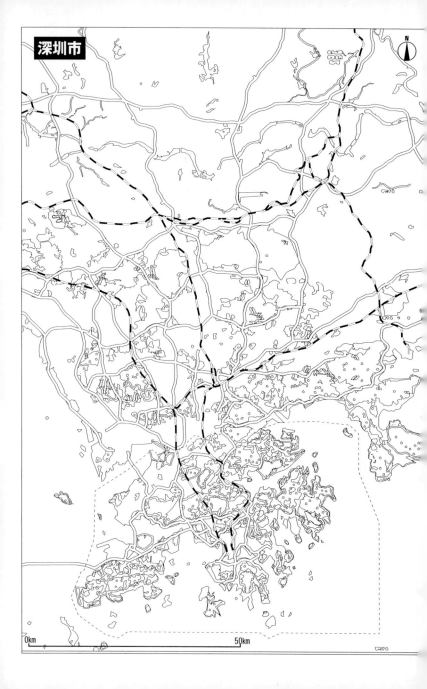

深圳市

N

0km   50km

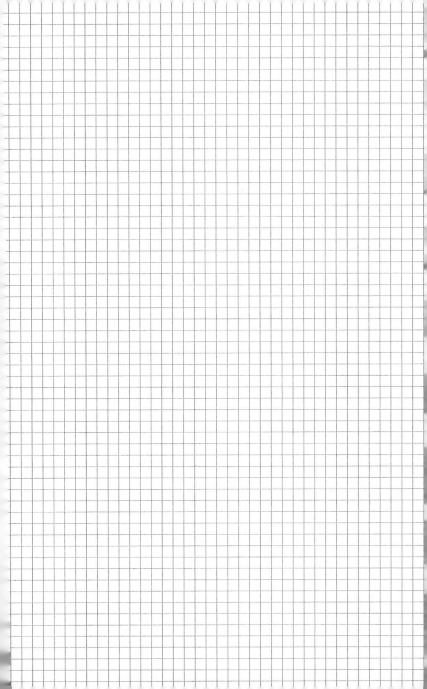

羅湖

0km 5km

N

深圳市街

N

0km 20km

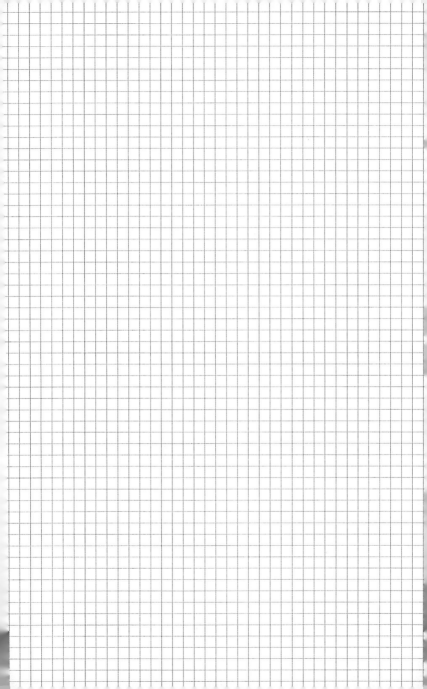

羅湖口岸

N

0km   1km

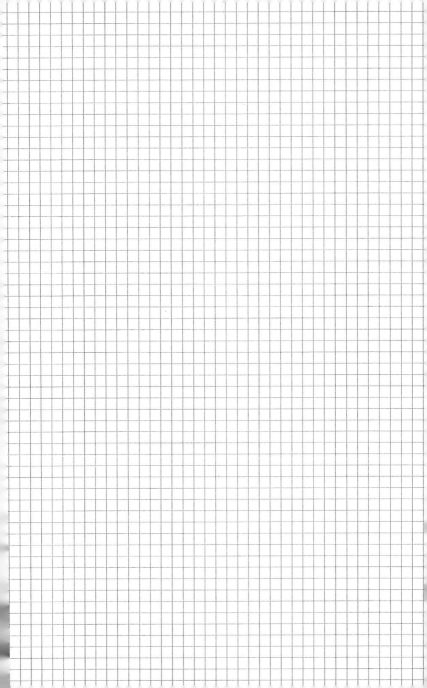

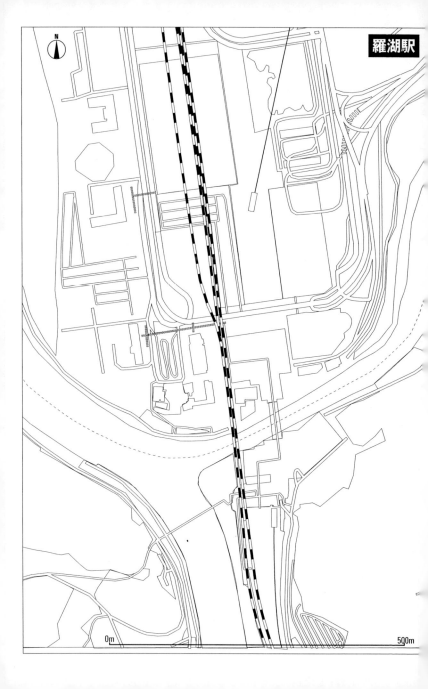

N

羅湖駅

0m   500m

湖貝

0km   1km

N

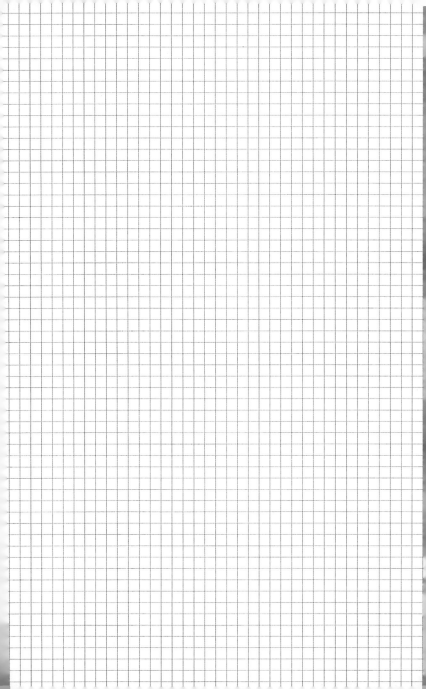

東門老街

N

0m   500m

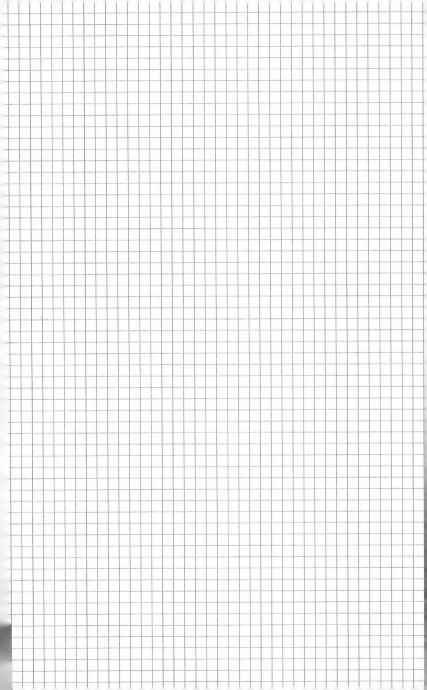

老街広場（東広場）

N

0m　　　　　　　　　　　　　　　　　200m

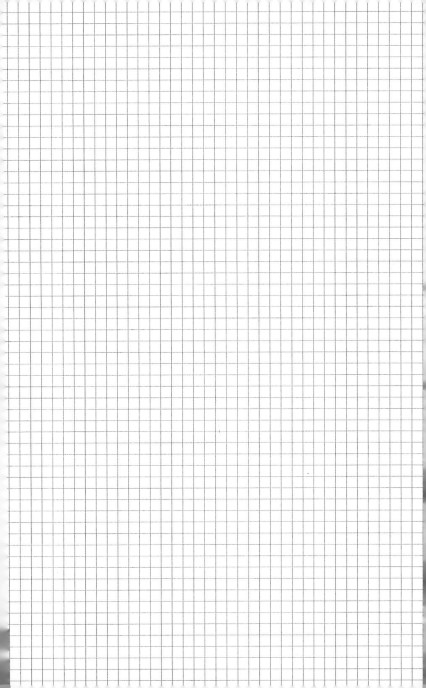

西広場

N

0m　　　　　　　　　　　　　　　　　　　　　　500m

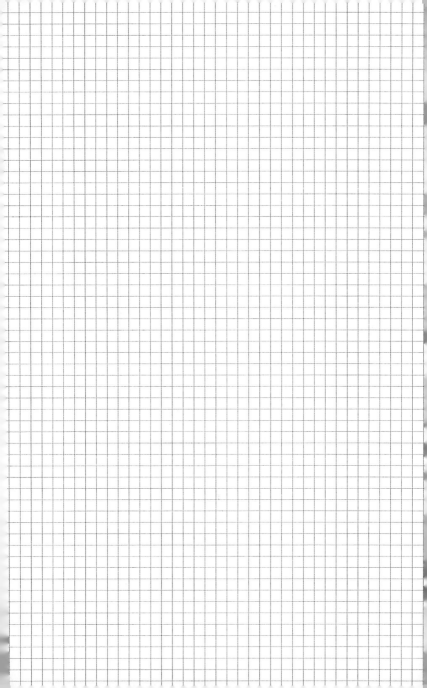

蔡屋圍

0km

2km

N

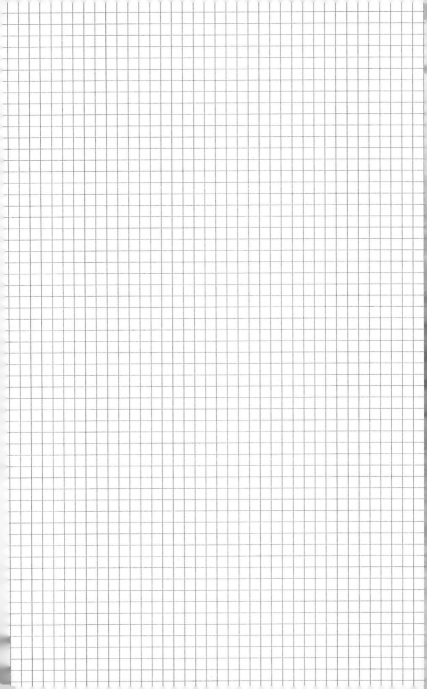

蔡屋圍拡大

N

0km   1km

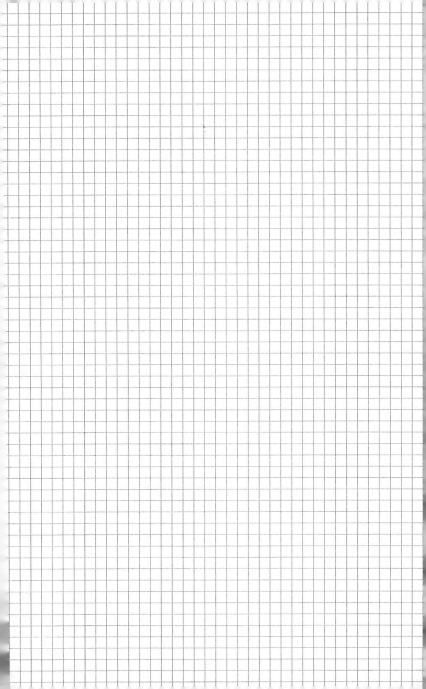

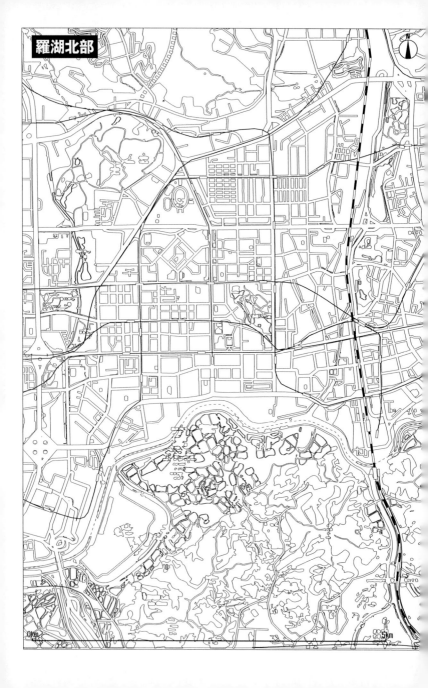

羅湖北部

0Km　　　　　　　　　　　　　　　　5km

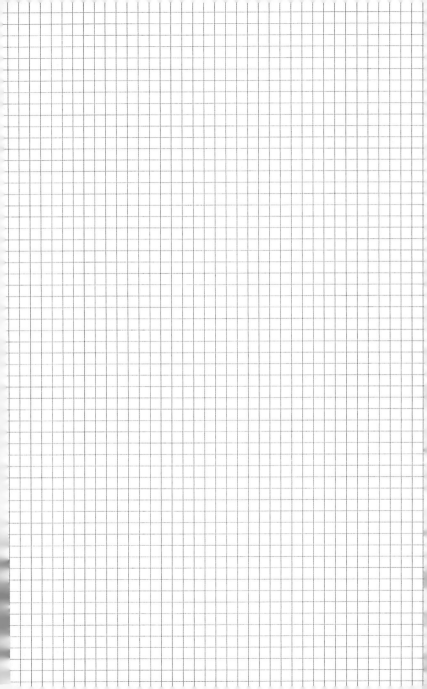

華強北

N

0km 2km

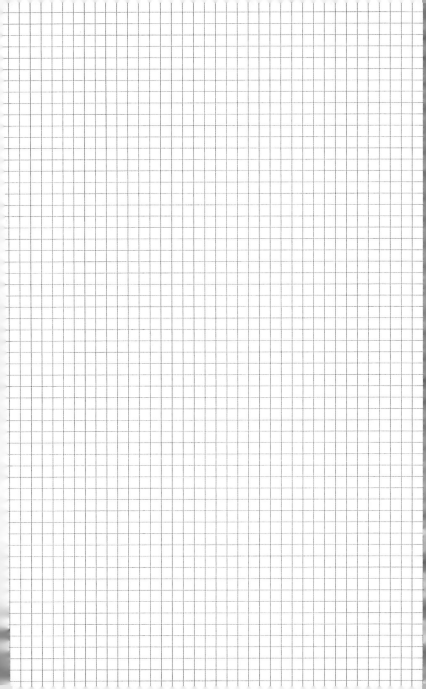

華強北路

0m   500m

N

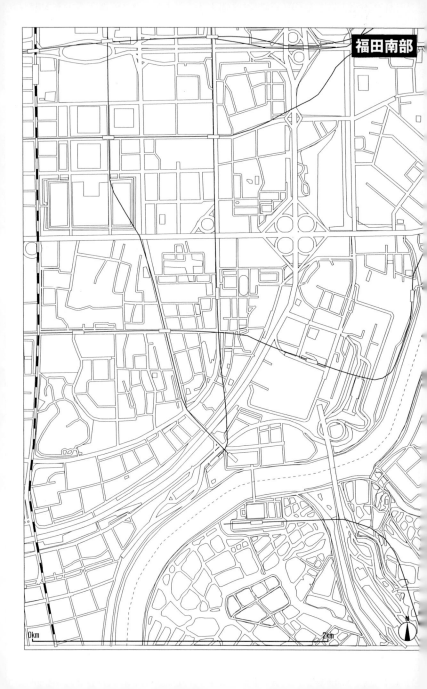

福田南部

0km   2km

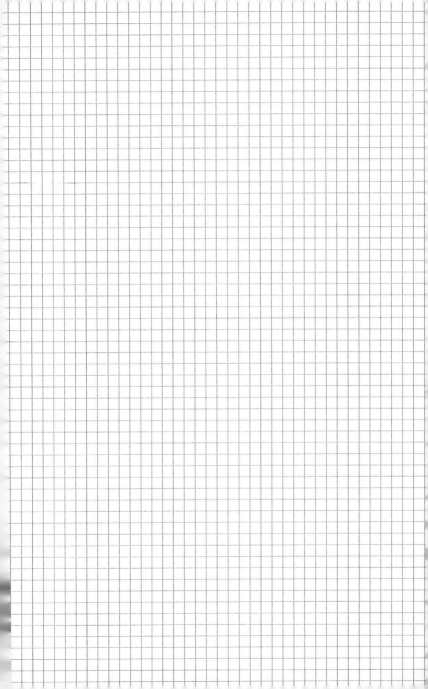

福田皇崗口岸

0km   1km

N

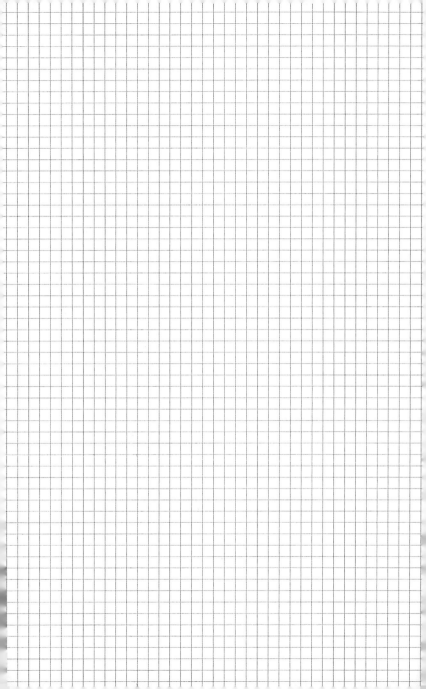

皇崗村水圍村

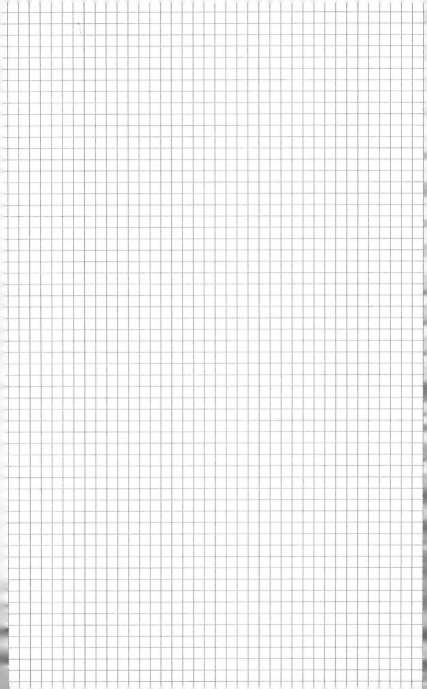

福田

Okm 　　　　　　　　　　　　　　　　　　　　　5km

深圳市街

Okm 　　　　　　　　　　　　　　　　　　　　　20km

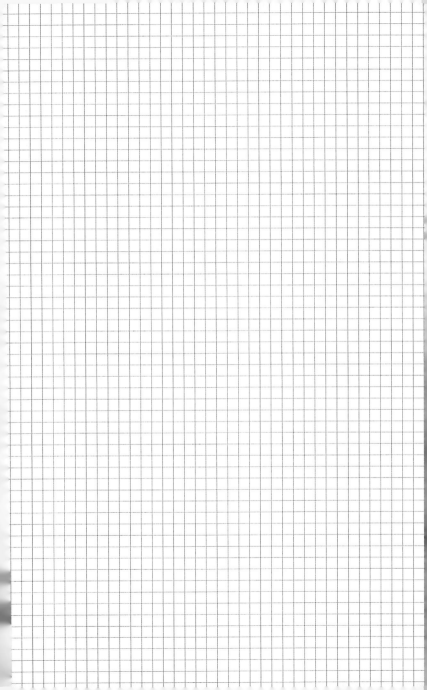

福田CBD

0km

1km

N

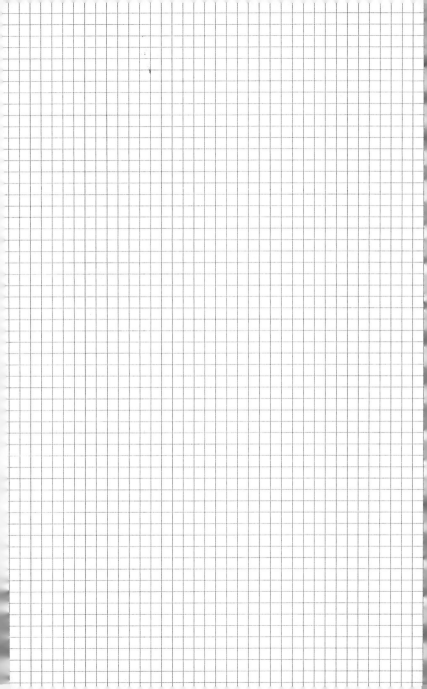

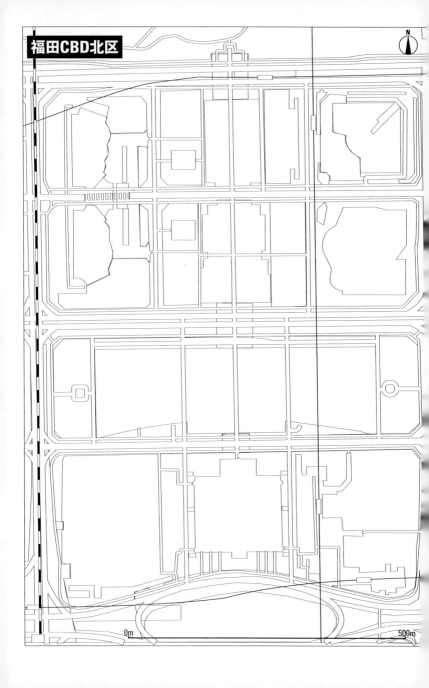

福田CBD北区

N

0m   500m

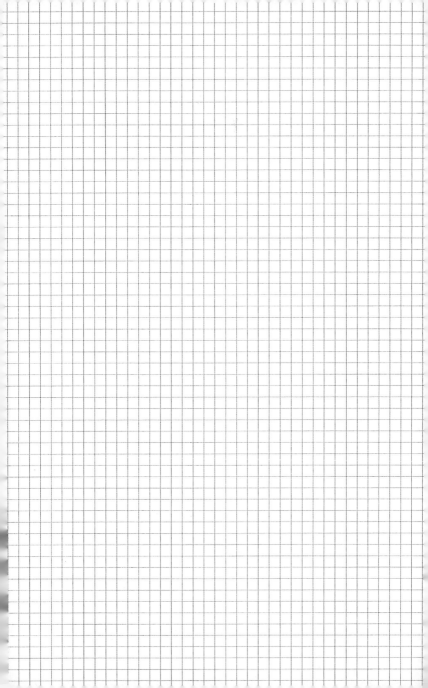

福田CBD南区

0km   1km

N

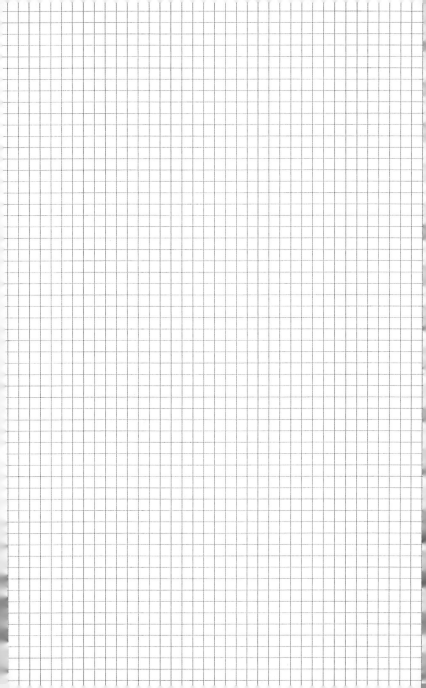

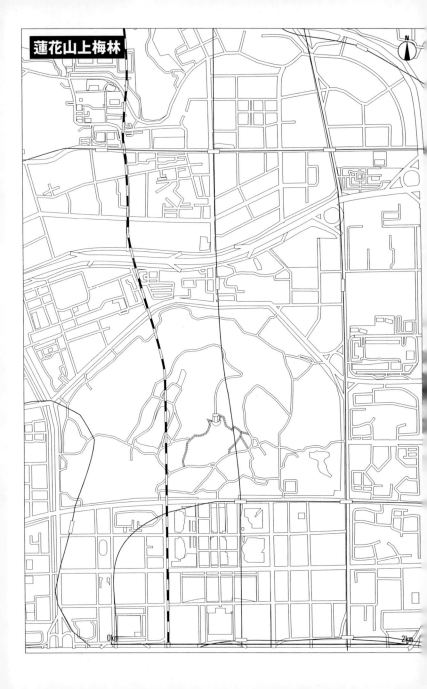

蓮花山上梅林

0km　　　　　　　　　　　　　2km

石厚

0km 1km

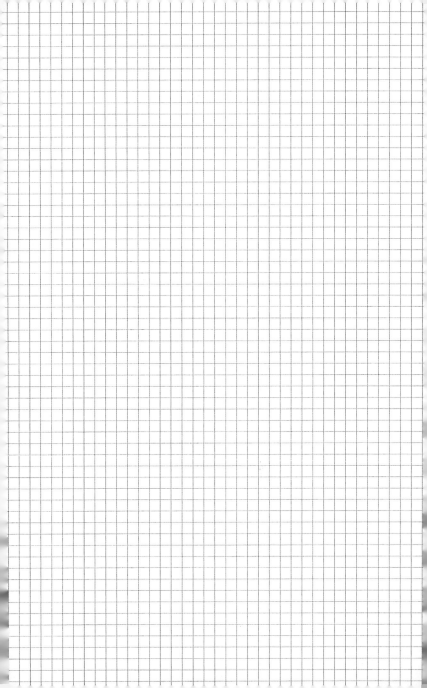

香蜜湖

N

0km   5km

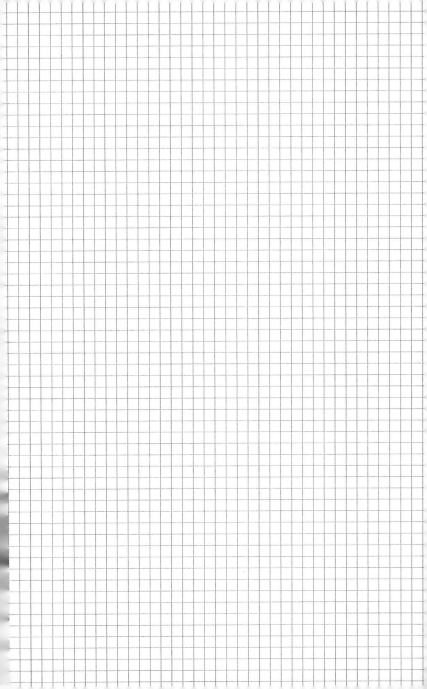

下沙上沙

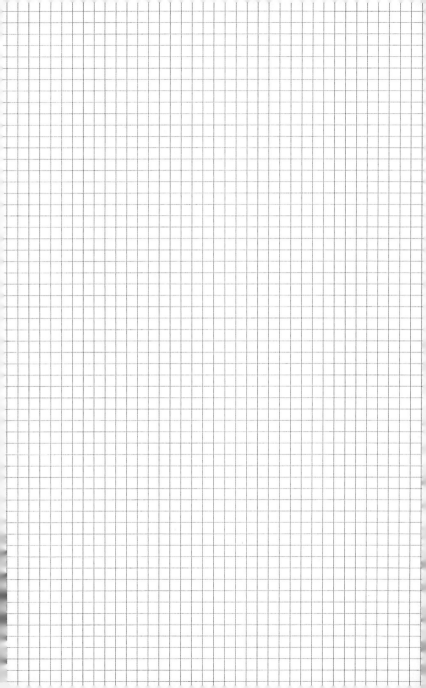

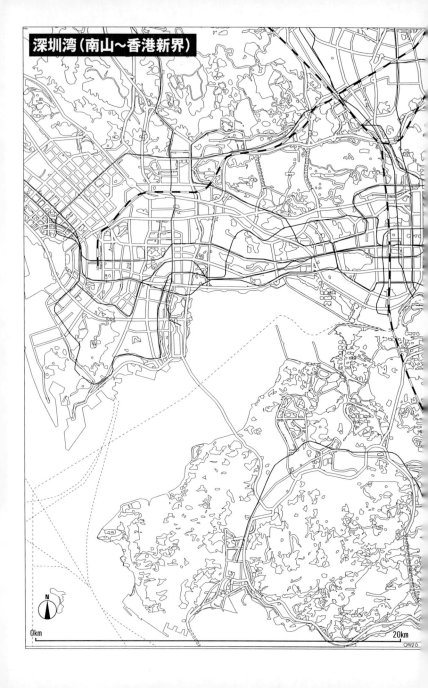

深圳湾（南山～香港新界）

N

0km   20km

華僑城

N

0km   5km

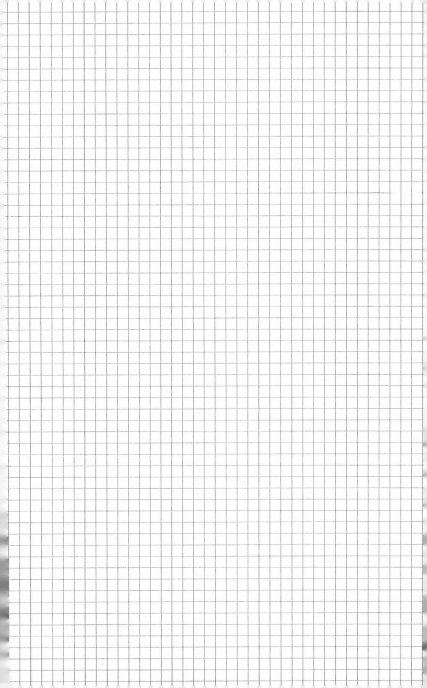

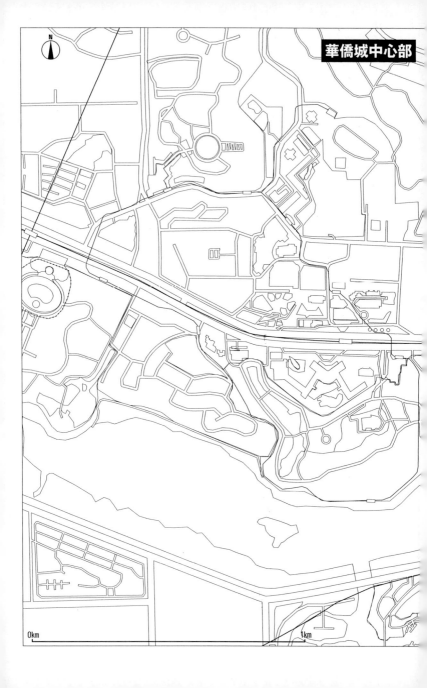

N

0km　　　　　　　　　　　　　　　　　　　　　　　1km

華僑城創意文化園（OCT-LOFT）

N

0km   1km

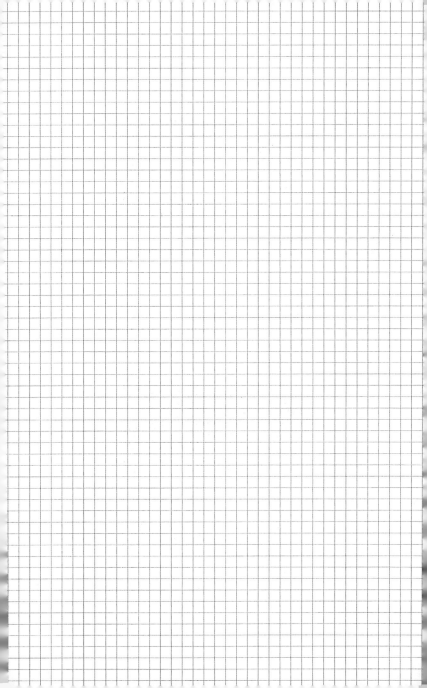

【車輪はつばさ】
南インドのアイラヴァテシュワラ寺院には
建築本体に車輪がついていて
寺院に乗った神さまが
人びとの想いを運ぶと言います

An amazing stone wheel of the Airavatesvara Temple
in the town of Darasuram, near Kumbakonam in the South India

まちごとチャイナ
広東省 014

深圳市街
城市の「奇蹟と軌跡」
[モノクロノートブック版]

「アジア城市（まち）案内」制作委員会
まちごとパブリッシング
http://machigotopub.com

・本書はオンデマンド印刷で作成されています。

・本書の内容に関するご意見、お問い合わせは、発行元の
　まちごとパブリッシング info@machigotopub.com までお願いします。

まちごとチャイナ

[新版] 広東省014深圳市街
～城市の「奇蹟と軌跡」

2022年 3月11日　発行

著　者　　「アジア城市（まち）案内」制作委員会
発行者　　赤松　耕次
発行所　　まちごとパブリッシング株式会社
　　　　　〒181-0013　東京都三鷹市下連雀4-4-36
　　　　　URL http://www.machigotopub.com/
発売元　　株式会社デジタルパブリッシングサービス
　　　　　〒162-0812　東京都新宿区西五軒町11-13
　　　　　清水ビル3F

印刷・製本　株式会社デジタルパブリッシングサービス
　　　　　URL http://www.d-pub.co.jp/

MP365